JEAN CRUPPI

LA
COUR D'ASSISES

PARIS

CALMANN LÉVY, ÉDITEUR

RUE AUBER, 3, ET BOULEVARD DES ITALIENS, 15

A LA LIBRAIRIE NOUVELLE

1898

LA

COUR D'ASSISES

DU MÊME AUTEUR

UN AVOCAT JOURNALISTE AU XVIII° SIÈCLE, LINGUET (Librairie Hachette), 1895. (*Ouvrage couronné par l'Académie française.*)

PARIS. — IMPRIMERIE CHAIX. — 14268-7-96. — (Encre Lorilleux).

JEAN CRUPPI

LA
COUR D'ASSISES

PARIS

CALMANN LÉVY, ÉDITEUR

ANCIENNE MAISON MICHEL LÉVY FRÈRES

3, RUE AUBER, 3

1898

LA COUR D'ASSISES

INTRODUCTION

La Cour d'assises dépossédée : *correctionnalisation*. — Le Français et les obligations du concours civique ; Napoléon et le jury. — Le Tribunal correctionnel : justice à toute vapeur. — Les courtes peines : fabrique de récidivistes. — Le décor d'une justice criminelle ; représentations de gala. — Nécessité de réformes.

On raconte que jadis, à Thurium, en Grèce, tout citoyen désireux de proposer quelque réforme était tenu de se présenter, la corde au cou, devant l'Assemblée du peuple. Son idée semblait-elle bonne ? Le peuple l'adoptait et le réformateur s'en allait sain et sauf. Semblait-elle mauvaise ? Le bourreau s'avançait, il resserrait la corde et supprimait ainsi la proposition et son auteur.

Aujourd'hui, dans notre pays, le partisan de réformes se présente au public dans une posture moins inquiétante sans doute, mais presque aussi humiliée. Il rencontre de la mauvaise humeur, presque de l'hostilité. Pourquoi vouloir innover quand il est si doux et si simple de médire? Tenter de déranger des habitudes anciennes, ébranler peut-être des situations acquises, c'est prendre une physionomie brutale et morose, c'est risquer de passer pour un « mauvais esprit ».

Nous savons tout cela, et nous avons cependant l'imprudence de déclarer que l'organisation de la justice pénale en France appelle, selon nous, de profondes et urgentes réformes. Quelles sont ces réformes?

Nous allons présenter quelques vues sur ce point, sans prétendre épuiser un sujet aussi vaste.

Notre ouvrage aura deux parties.

Dans la première, nous tenterons d'esquisser un tableau fidèle de notre juridiction criminelle telle qu'elle fonctionne actuellement.

Nous dégagerons ensuite, des faits et des observations que nous aurons pu réunir, un plan de modifications pratiques et de réformes législatives.

Mais, en abordant cette étude, une question avant toute autre va se poser à nous : quel Tribunal est investi en France de la mission de rendre la justice criminelle?

La question peut sembler naïve. Qui ne sait, dira-t-on, que les Cours d'assises sont chargées de statuer sur les affaires criminelles ? La Cour d'assises, disait Faustin Hélie, est « la juridiction générale et ordinaire du pays ».

Or, en droit, cette affirmation est indiscutable ; mais, en fait, elle est inexacte aux yeux de toute personne tant soit peu au courant de nos habitudes judiciaires. La Cour d'assises voit en réalité se rétrécir chaque jour son domaine, et loin d'être la juridiction ordinaire du pays, elle devient peu à peu une juridiction exceptionnelle.

Aurions-nous donc la bonne fortune de vivre dans un temps où le nombre des crimes diminue ? Il en est ainsi en ce moment en Angleterre et en Allemagne ; mais (ce fait plaide peu en faveur de nos institutions répressives) la criminalité chez nous au contraire va croissant chaque année.

Comment donc nos Cours d'assises ont-elles si peu d'affaires ? Le motif en est connu : c'est qu'une grande partie des faits qualifiés crimes par le Code sont soustraits au jury, et dirigés vers les Tribunaux de police correctionnelle ; et cela grâce à un procédé extra-légal, mais toléré et même encouragé par les circulaires ministérielles.

Quelques chiffres établiront le fait et ses conséquences. De 1826 à 1850, le nombre des affaires déférées au jury était de 5 000 ; en 1860, ce chiffre tombait à 4 000 ; de 1860 à 1880, il descend à 3 000 ; et enfin, en 1891, les Cours d'assises de France jugent 2 932 affaires, alors que, cette même année, les Tribunaux correctionnels rendent près de 200 000 sentences. Et, tandis que le nombre des affaires réservées au jury suit cette progression décroissante, le total des plaintes reçues au Parquet s'élève dans des proportions telles qu'il atteint en 1891 le chiffre de 500 000, alors qu'en 1826 il était de 225 000 environ !

Ces chiffres ont leur éloquence. Ils démontrent que, tandis qu'on discute bruyamment le jury, celui-ci, par un mouvement continu et rapide, disparaît de jour en jour du cercle de nos institutions.

Comment a pu se produire un pareil mouvement, et quelles en sont les causes ?

Le procédé dont les magistrats disposent pour exproprier le jury porte au Palais de Justice le nom barbare de « correctionnalisation ». Voici son mécanisme : un vol, par exemple, est commis par un domestique au préjudice de son maître. Ce fait est placé par le Code au rang des crimes, et il est, comme tel, de la compétence du jury.

Mais pourquoi est-ce un « crime » ? Parce que le voleur était le domestique du volé. C'est cette circonstance qui aggrave l'acte et constitue sa criminalité. En ce cas, pour réduire le fait aux proportions d'un délit, le soustraire à la Cour d'assises et l'attribuer au tribunal correctionnel, il suffira que le juge d'instruction et le Parquet soient d'accord pour passer sous silence la circonstance de domesticité. Dès lors, ce vol ne sera plus qu'un « vol simple », et la correctionnalisation sera accomplie. Le prévenu sans doute pourrait encore plaider l'incompétence du tribunal correctionnel, mais les statistiques apprennent que cet incident est rarement soulevé.

La Cour d'assises n'est donc plus saisie de tous les faits qualifiés crimes, mais seulement de ceux que les usages des Parquets et certains textes impératifs lui réservent encore. Un grand nombre de vols qualifiés, par exemple, et d'autres faits de haute criminalité, s'en vont à l'audience encombrée de la police correctionnelle.

Ils envahissent une juridiction que rien, dans les vues du législateur, ne destinait à rendre la justice criminelle ; une juridiction qui, déjà compétente dans la matière immense des délits, et investie de pouvoirs considérables par plusieurs lois récentes (notamment par la loi du 27 mai 1885 sur la relégation), tend à devenir dans notre droit pénal la juridiction universelle.

A Paris, ce tribunal correctionnel est accablé d'une besogne colossale. Il juge une multitude de délits légers qu'il faudrait laisser au juge de police, et il prononce sur des faits graves qui, d'après nos lois fondamentales, sont du domaine de la Cour d'assises. Il est donc pressé, harcelé par la nécessité de faire vite.

Devant lui l'information se réduit à sa plus simple expression : un rapport d'agents, un procès-verbal, un bulletin du casier, et peut-être un témoin expédié en hâte à l'audience avec le dossier et le prévenu. C'est de la justice à toute vapeur : le juge se voit contraint à statuer en quelques secondes, sans documents qui puissent l'éclairer, sur des questions qui engagent souvent les plus délicats problèmes de la criminalité. Quelles peines prononce-t-il ? Plus il est consciencieux et expérimenté, plus il éprouve de défiance de l'enquête vertigineuse qui vient de s'accomplir devant lui ; se sentant mal informé, inquiet de sa responsabilité trop lourde, il se réfugie invinciblement dans le compromis, le détestable compromis des courtes peines.

Ces journées de prison, jetées presque au hasard, ne peuvent aboutir qu'à l'augmentation de la récidive ! On peut hautement l'affirmer, ces tribunaux où les courtes peines se distribuent automatiquement, loin de contribuer à la défense sociale ou au relèvement du coupable, sont de véritables « fabriques de récidivistes ».

Un chiffre d'une terrible éloquence suffit d'ailleurs

à condamner un tel système : En douze années, de 1880 à 1892, le nombre des condamnés en état de récidive s'est élevé de 74 000 à 105 000 ! Et cette période est précisément celle où la « correctionnalisation » a pris tout son développement, où 200 000 affaires ont été soumises chaque année au Tribunal correctionnel, où une seule des chambres de ce tribunal, à Paris, a dû souvent statuer *en un jour* sur *cent* affaires de tous ordres, parmi lesquelles des infractions de haute importance sociale !

Ainsi, à la question que nous avons posée : quel Tribunal rend en France la justice criminelle? nous avons dû faire cette réponse inattendue : la justice criminelle est en grande partie aujourd'hui, et sera presque entièrement demain si l'on n'y prend garde, rendue par les tribunaux de police correctionnelle.

Comment acceptons-nous une solution aussi défectueuse, une justice en contradiction si flagrante avec les principes modernes qui réclament l'individualisation de la peine, l'examen attentif et scientifique de chaque délinquant? Quelles raisons les partisans de la correctionnalisation font-ils valoir en faveur de cette pratique?

Tout d'abord des raisons d'économie et de célérité. Mais, on le comprend bien, un système aussi général, qui tend à l'expropriation du magistrat populaire, doit avoir des causes plus profondes. Il nous semble apercevoir une de ces causes dans l'histoire de notre procédure pénale.

Il n'y a guère plus de cent ans, on le sait, que nous avons inscrit dans nos lois la procédure publique et le jugement par jurés.

De 1670, de l'ordonnance de Colbert, à 1789, toute procédure criminelle, depuis son premier acte jusqu'à l'arrêt du Parlement, était secrète et confiée à des magistrats de profession. Pas de public à la Tournelle, pas d'avocat, pas de juge tiré des rangs des citoyens. A la Révolution, tout change, ou, du moins, on veut tout changer. Le citoyen va être juge, et, soit au moment du « constat » dans l'instruction préparatoire, soit au moment du « débat » devant la juridiction du jugement, le citoyen sera présent, et présent avec le public, qui le contrôlera lui-même. C'était, dans l'ordre judiciaire, un essai d'organisation du « concours civique », de la collaboration active et personnelle de chacun à l'œuvre de la justice.

Qu'on lise ces décrets, trop oubliés, de la Constituante ! Ils créaient du moins une procédure rationnelle et ils avaient un idéal en vue. Le citoyen, dès le premier pas de l'information, était « adjoint » au juge. Dans l'instruction proprement dite tout était public et contradictoire. Le citoyen participait à tout ; il était tour à tour membre du jury d'accusation et du jury de jugement. Telle était la pensée qui avait inspiré les créateurs du jury criminel et du nouvel ordre judiciaire en 1789 et 1791.

Mais les temps ont marché ; l'Empereur est venu. Il avait l'horreur du jury[1]. Tout, dans ses pensées et dans le régime dont il était l'âme, ramenait aux principes de l'ordonnance de 1670, au secret, à l'exclusion du citoyen des fonctions de la magistrature. On sait la peine qu'eurent certains légistes à faire accepter par Napoléon l'idée du jury criminel. Il l'accepta cependant, mais comme on accepte une institution méprisée, en disposant autour d'elle tout ce qui devait tôt ou tard amener sa ruine.

C'est dans ces vues que le Code impérial d'instruction criminelle, le code de 1808, qui nous régit encore, a ressuscité l'ordonnance de 1670. Il a réorganisé le secret de l'instruction ; puis, au système refleurissant de l'ordonnance, à l'édifice de l'ancien régime restauré, remis à neuf, ce Code a dû consentir à superposer le jury, comme on superpose un toit d'un certain style à un édifice d'un style différent : un toit de pagode à une tour du xiiie siècle !

Il était bien clair que le professionnel, le magistrat, redevenu puissant comme il l'était sous l'ordonnance ; que le magistrat du ministère public surtout,

1. Voir notre discours sur *Napoléon et le jury*. (Paris, Marchal et Billard, 1896.)

infiniment plus fort, plus hiérarchisé, plus centralisé que jadis; il était bien clair, dis-je, que ce magistrat aurait pour le juré un sentiment d'extrême méfiance ; que, maintes fois gêné, contrecarré par lui, il ferait un effort constant pour l'éliminer, pour débarrasser l'édifice ancien, solide et renforcé, du toit étrange dont on avait obligé l'Empereur à l'affubler.

Ainsi, depuis l'Empire, s'est produit, accentué, accéléré, avec des vitesses qui depuis quinze ans n'ont fait que s'accroître, le mouvement de « retour à l'ordonnance », au secret de la procédure, à la toute-puissance des magistrats de profession. Encore 2 932 affaires à enlever au jury, et l'ordonnance de 1670 l'aura définitivement emporté !

Mais il est juste d'ajouter ceci : malgré le coup terrible que le Code de 1808 avait porté aux idées de la Constituante, jamais ce « retour à l'Ordonnance » n'aurait pu se produire, jamais les parquets ne fussent parvenus à l'élimination presque totale du jury, jamais même l'instruction préparatoire secrète, si désastreusement réorganisée par le code de 1808, n'eût pu résister à l'assaut des idées libérales, si, au désir de la magistrature de reprendre tous ses pouvoirs, n'eût correspondu chez la plupart des Français le dégoût des obligations du « concours civique », la volonté de s'y soustraire dans toutes les occasions.

En Angleterre, où fonctionnent le jury civil et les

diverses sortes de jurys criminels (sans compter le jury spécial) et celui qui se réunit à la requête du *coroner*, le *juryman* remplit sa charge, comme il paie l'impôt, avec exactitude et mauvaise humeur. Il ne songe guère à se dérober à ce qu'il considère comme une obligation civique, désagréable sans doute, mais d'un haut intérêt politique et social; et s'il y songe par aventure, on le ramène rudement au sentiment de son devoir. Aussi il s'ingénie pratiquement à rendre tolérable l'obligation qui pèse sur lui. Au civil, il a droit à des honoraires payés par la partie, et dont le taux est chaudement discuté.

A leur banc, *in the box*, les jurés ont « droit au confortable » et les Manuels observent avec soin que *ventilation in Court is a common right*. Au criminel les jurés n'ont point d'honoraires, mais un mouvement se dessine qui a pour but de leur en donner. Tout cela se discute ouvertement, sans fausse honte.

En France, aux heures révolutionnaires où l'on croit aux grands changements, le citoyen a en vue l'idéal de justice ; il veut avec enthousiasme être juge à tous les degrés ; il se propose de faire un sacrifice constant de ses heures, du temps réservé à sa famille, à ses affaires. Lui parler d'honoraires serait l'injurier ! Alors se promulguent les grands décrets, comme ceux d'octobre 1789. Mais le lendemain la fièvre est tombée, la lassitude arrive. Plus·de con-

cours civique ! A aucun prix on ne veut être juré !
Que dis-je ? on se plaint vivement s'il faut par
hasard aller, comme témoin, à une audience. A titre
de concours civique, le citoyen paie l'impôt, mais
c'est tout ! Il a le droit de suffrage, qu'il n'exerce
guère ; quant aux obligations du jury, il s'y soustrait
le plus qu'il peut. Ce sont de telles tendances qui
donnent le secret de nos mœurs, de nos habitudes
judiciaires, de ce surprenant retour à l'ordonnance
de Louis XIV, de la correctionnalisation enfin. Comment la magistrature ne reprendrait-elle pas des
biens qu'elle convoite et que leurs possesseurs laissent
tomber en déshérence ?

Elle les reprend donc, mais elle ne peut le faire
ouvertement, et la situation reste fausse et bâtarde.
Ce Français indolent, qui se soustrait le plus qu'il
peut à ses devoirs civiques, ne renoncerait pas
aisément aux prérogatives qu'il exerce avec tant de
mollesse et d'ennui. Le citoyen ne veut pas « être du
jury », mais il s'insurgerait si une Assemblée rayait
le jury de nos institutions. Tout le long de ce siècle
des émeutes ou des révolutions ont éclaté quand on
a essayé de reprendre aux Cours d'assises le jugement des procès politiques et des procès de presse,
et certes nul ne songe aujourd'hui à revenir ouvertement sur le principe de la collaboration du juge
populaire aux jugements criminels ; nul ne songe

surtout à revendiquer pour le Tribunal correctionnel la succession du jury! Une telle proposition réunirait difficilement dix voix dans le Parlement, et provoquerait dans l'opinion une protestation unanime!

Or, il faut qu'on sache et qu'on dise que cette solution, que chacun rejette en théorie, est en train de s'établir en fait ; il faut qu'on sache que le jury, encore inscrit dans nos codes, n'est guère plus qu'un trompe-l'œil. La plupart des infractions présentant une réelle gravité sociale échappent au jugement des Cours d'assises.

On consent à laisser dans leur domaine amoindri quelques délits de presse, et les « beaux crimes », les crimes vraiment décoratifs, les tueries passionnelles, les boucheries à la Troppmann. Ainsi la France n'a pas en réalité de juridiction criminelle, mais il lui en reste le décor, où se jouent, pour le plus grand profit de l'éloquence judiciaire, quelques représentations de gala.

Il convient d'ajouter que lorsque les Parquets correctionnalisent à outrance, ils ont, en dehors des causes générales que nous avons exposées, des motifs immédiats fort sérieux à faire valoir.

D'abord les classifications du Code pénal de 1810, qui depuis longtemps auraient dû être modifiées, sont des plus défectueuses. Si l'on s'y conformait

strictement, on enverrait au jury des délits insigni-
fiants qui devraient être du ressort du juge de paix.
Puisque les législateurs n'ont pas remanié en temps
utile le classement des infractions, il faut bien que
les Parquets s'en chargent! De plus, il est certain que
la Cour d'assises actuelle est une juridiction lente
et coûteuse, et le désir d'aller vite, de réduire les
frais de justice criminelle est assurément fort louable.
De plus encore (et c'est là le grand point!) la Cour
d'assises, dans les quelques affaires qui lui sont
laissées, est loin de se montrer un Tribunal irréprochable ; les magistrats ne sont pas les seuls Français
à qui elle inspire quelque méfiance, et ils croient
pouvoir avouer, avec M. Tarde, que la correctionnalisation est « un expédient destiné à échapper au
jury, à rétrécir son périlleux domaine».

Or, il se peut que la Cour d'assises soit une juridiction « périlleuse », et, dans l'examen que nous en
allons faire, nous ne flatterons pas son portrait.
Mais, si notre Code criminel est défectueux, nous
disons qu'il faut le remanier au grand jour.

La solution adoptée aujourd'hui ne paraît pas
soutenable. Pourquoi laisser intactes des lois avec
lesquelles on ruse, qu'on enfreint par des expé-
dients? Pourquoi cet arbitraire qui confond toutes
les règles de la compétence ? qui permet, par
exemple, que deux crimes commis dans des circon-

stances identiques aillent, l'un au Tribunal correctionnel et l'autre à la Cour d'assises, suivant le gré des Parquets?

On ne peut expliquer un état de choses aussi illogique que par l'hésitation qu'on éprouve depuis bien des années à aborder de front les réformes profondes.

Or, il est temps aujourd'hui de se prononcer sur le principe de notre justice criminelle. La laisser tomber définitivement aux mains de nos Tribunaux correctionnels, c'est devenir de toutes les nations de l'Europe celle où la justice sera rendue d'après le procédé le moins libéral et le moins scientifique.

Nul ne défend cette solution, ne l'adoptons pas à l'aveugle dans un pays démocratique et désireux de progrès.

Mais quelle est la réforme possible? Pour répondre à cette question, nous allons d'abord examiner notre juridiction criminelle dans les faits, dans la pratique quotidienne : nous allons la regarder fonctionner devant nous.

CHAPITRE PREMIER

La capitale du Droit criminel : la Cour d'assises de la Seine.
— Complexité de ses organes. — Examen du jury; son
aspect avant l'audience; son inquiétude. — Qui sont les
jurés? — Majorité de petits commerçants. — L'élite et le
peuple exclus des listes. — Les jurés fuyards ; récusations de
faveur. — L'*Instruction aux jurés :* abstractions et obscurité.
— Tableau de la Chambre du Conseil. — Première rencontre
des jurés et des magistrats. — Gêne et froideur.

C'est à la Cour d'assises de la Seine, véritable
capitale de notre Droit criminel, que nous nous pro-
posons d'amener le lecteur. Il n'est point de lieu plus
propice à l'examen des problèmes du droit pénal
que le lieu où cette juridiction célèbre tient ses audiences. Toutes les questions sociales et philosophiques qui passionnent une époque y sont chaque jour
posées. Aussi n'est-il pas une assemblée, un congrès,
un journal, un salon ou une loge de concierge qui

ne s'intéresse à la Cour d'assises, et ce lieu est, au point de vue de l'observateur, une admirable clinique.

Pourtant, si le lecteur redoute le récit de quelque drame judiciaire très noir et très sanglant, qu'il veuille bien se rassurer! Notre but est d'étudier la Cour d'assises elle-même, et non les procès qui s'y déroulent. Nous ne nous contenterons pas d'assister au spectacle que cette scène offre chaque jour au public; nous pénétrerons dans les coulisses, et examinerons les rouages qui font mouvoir chaque partie de ce solennel décor.

Et d'abord, évitons une erreur assez commune. Trop souvent, examinant la Cour d'assises, on n'envisage que le jury. L'opinion s'obstine à ne voir que lui dans la juridiction criminelle. Qu'on songe à telle ou telle affaire : le verdict a été « excellent » ou « stupide » ; le jury a été « la conscience de la nation » ou « au-dessous de tout ». Mais il semble que lui seul a tout fait, qu'il est la Cour d'assises elle-même, et que c'est à lui qu'il convient de rapporter la responsabilité totale des arrêts.

Cette opinion repose sur une erreur fondamentale.

Le verdict ne saurait être un phénomène de génération spontanée. Il est déterminé par le jeu complexe des organes dont le législateur a organisé le concours, et dont l'ensemble constitue la « ·juridiction ». Le jury n'est lui-même qu'un des rouages de la machine dont l'arrêt de condamnation ou l'ordonnance d'acquittement constitue le produit.

Ce produit est une œuvre collective, à laquelle de nombreux ouvriers ont collaboré. Il faudra donc envisager à côté du jury :

La Cour, qui est composée des magistrats professionnels ; le président surtout, qui remplit aux assises un rôle capital ;

Le ministère public, la défense, les témoins, les experts et l'accusé lui-même ;

Le public, qui, silencieux ou non, réagit sur l'enquête et a une influence certaine sur le résultat ;

La presse, élément extrajudiciaire qui s'ajoute d'office aux éléments de l'enquête officielle ;

La procédure écrite, recueillie par l'instruction secrète, fort mal soudée à l'instruction orale, et qui apparaît et disparaît tour à tour, jouant dans le débat un rôle équivoque et assez mal défini.

Tous ces éléments, et d'autres encore, concourent au verdict autant que le juré lui-même, bien qu'à son insu le plus souvent. Nous examinerons donc chacun des rouages de la machine dans son jeu propre et dans l'action qu'il exerce sur les organes voisins. Commençons par le jury.

I

La session est ouverte. Les trente-six jurés titulaires et les quatre jurés suppléants composant la « liste de session » sont réunis. La Cour, le ministère public et le greffier ont pris séance. Il va être procédé à la « revision de la liste », et tout d'abord à « l'appel général ».

Regardons à ce premier instant nos quarante jurés. Ils sont parfaits d'allure extérieure, de tenue grave et presque religieuse. Les physionomies ont l'expression et le pli d'une attention tendue qui s'efforce vers un objet nouveau et difficile. Les plus vulgaires de ces jurés, empêtrés dans les redingotes dominicales, et tortillant entre leurs doigts la sommation qu'ils ont reçue, ont malgré tout l'expression fière de l'homme libre qui va remplir « en son âme et conscience » une haute mission.

On peut critiquer vivement les jurés parisiens, et nous prétendons nous exprimer sur leur compte avec la plus entière indépendance; mais, à notre avis, on ne saurait avoir vécu près d'eux sans être pénétré de la droiture de leurs intentions, de leur ardent désir de bien juger... fort conciliable, comme nous le verrons tout à l'heure, avec le désir non moins ardent de ne pas juger du tout et de retourner à leurs affaires.

Les bonnes intentions, d'ailleurs, sont dans toutes les âmes à ce moment solennel du jugement d'un accusé, et, si souvent elles dévient, nous prétendons bien montrer que cela tient exclusivement aux défauts de l'institution.

Le juré, tout spécialement, a un instinct vague, mais très élevé, de la mission qu'il va remplir. Il a la ferme volonté de « rentrer en lui-même », quitte à n'y rien trouver du tout ; de se rendre inaccessible aux « bruits du dehors », aux passions et aux sentiments de toute sorte, qui bientôt cependant, par mille infiltrations, vont sourdre sous ses pas, tout submerger en lui, sans qu'il en ait conscience. Zèle, anxiété, honnêteté, cela se lit sur tous les visages, ou du moins nous avons cru toujours le lire, et c'est un élément de notre enquête.

Mais enfin quels sont tous ces hommes? Extraits par le tirage au sort des quatre coins de cette liste annuelle où figurent 3 000 Parisiens, quelle moyenne intellectuelle et sociale expriment ces quarante noms? Comment se fait le recrutement du jury?

Nous n'exposerons pas ici le mécanisme de la loi du 27 novembre 1872. Qu'il nous suffise d'indiquer que la liste est dressée par deux commissions dont les travaux sont dirigés par des magistrats. La première de ces commissions fait une liste préparatoire, qui sert à la seconde pour composer la liste annuelle. Les membres de ces commissions ont été choisis par le législateur avec un soin extrême. Il s'agissait, en 1872, de substituer, dans le choix du jury, à « l'arbitraire des préfets », « l'action indépendante » de la magistrature.

Est-ce que cela a bien changé les choses ? Nous avons comparé aux listes actuelles des listes du jury impérial. La différence n'est pas grande. Ce sont toujours, dans tel quartier, les mêmes gens qu'on appelle à la gloire peu recherchée d'une magistrature temporaire. Cela prouve que les lois, et les commissions qu'elles instituent, fussent-elles présidées par dés juges de paix au lieu de l'être par des conseillers de préfecture, ont de la peine à déranger les habitudes prises.

Dans notre cas, on imagine bien que sous tous les régimes, après les beaux discours, libéraux ou autoritaires, qui amènent des modifications aux lois sur le recrutement du jury, les choses changent fort peu : dans chaque arrondissement parisien, c'est toujours le même homme, quelque employé de mairie obscur, mais sachant son monde, qui désigne en fait les jurés.

Sans doute les commissions, loin d'abdiquer entre les mains d'un subalterne, remplissent leur devoir avec zèle; mais comment ce juge au tribunal pourrait-il deviner les aptitudes judiciaires de l'épicier du coin ou du marchand de charbon? Il faut quelqu'un qui le renseigne, et ce sera toujours cet employé obscur dont nous avons parlé.

Comment cet anonyme, ce « sergent recruteur » du jury, compose-t-il, en fait, la liste annuelle?

Pour répondre à cette question avec la plus complète exactitude, nous avons voulu faire un travail de pointage sur 1 500 noms, représentant la moitié de la liste des jurés titulaires dans une année toute récente. Ces 1 500 jurés, au point de vue des professions, se décomposent de la manière suivante :

Négociants ou fabricants, et commis ou employés de commerce.	849
Propriétaires ou rentiers.	281
Ingénieurs, professeurs, avocats, fonctionnaires et membres de diverses professions libérales.	174
Vétérinaires, médecins ou pharmaciens.	53
Architectes	57
Retraités	64
Artistes.	22
TOTAL	1.500

De tels chiffres on peut tirer immédiatement quelques conclusions intéressantes, notamment celle-ci qui a la clarté de l'évidence : le jury de la Seine se compose en majorité de négociants, et il est infiniment rare que, pour chaque affaire et parmi les douze jurés, il n'y ait pas au moins sept commerçants, c'est-à-dire la majorité absolue.

Le fonctionnement pratique de la loi de 1872 conduit donc à ce résultat : que la juridiction criminelle à Paris est en réalité une sorte de juridiction « consulaire ». Dans son organe fondamental, la Cour d'assises de la Seine est composée, pour la plus grande part des membres du jury, comme un tribunal de commerce.

Et de quels négociants se compose ce tribunal? Nous pouvons dire que la grande majorité appartient au petit commerce. Ici, la statistique est forcément moins rigoureuse; mais on nous permettra d'ajouter aux vérifications que nous avons pu faire sur certaines listes les résultats de notre expérience personnelle. Nous croyons pouvoir affirmer que la grande et la moyenne industrie, le grand et le moyen commerce, sont représentés, fort honorablement d'ailleurs, mais sont représentés à peine sur les listes annuelles du jury parisien.

Parmi les membres d'un jury de session qui, en dehors des affaires les plus variées et les plus complexes, avait encore à statuer sur le sort de plusieurs anarchistes, et sur deux causes célèbres, nous avons relevé les noms de vingt et un négociants, et notamment de trois marchands de vin, de plusieurs cordonniers, chapeliers, passementiers, tenant de modestes boutiques.

Plus récemment encore, un procès des plus retentissants a eu pour juges neuf commerçants, deux rentiers et un artiste peintre. Dans ce jury, du moins, les négoces les plus divers étaient représentés : il y avait un coiffeur, un marchand de vins, un épicier, un marchand de bois, un parfumeur, un entrepreneur d'éclairage, un marchand de meubles et un entrepreneur de peinture.

Pourtant, dans les 1 500 noms qui composent notre liste, nous apercevons bien quelques personnalités parisiennes brillantes, mais en très petit nombre !

Voici les directeurs d'une grande revue et le secrétaire de rédaction d'une autre, deux académiciens, trois ou quatre peintres, quelques hommes de lettres, deux membres de l'Institut, un grand banquier, deux grands éditeurs, et c'est à peu près tout... sauf (j'allais l'oublier !) le directeur d'un grand moulin qui n'est pas fort loin de Montmartre. Au total, 33 ou 34 noms connus. C'est fort peu à Paris, et il semble que les commissaires aient pris à cœur de multiplier les choix les plus modestes quand il leur était si aisé de mutiplier les plus brillants.

Le groupe le plus nombreux après celui des négociants est celui des rentiers et des petits propriétaires, et ces deux groupes, fournissant ensemble 1 122 noms, laissent peu de place aux professions libérales, à la phalange sacrée des artistes, qui, au nombre de vingt-deux, arrivent bons derniers.

De plus, on le remarquera, la liste ne contient aucun représentant des classes populaires. Cette exclusion résulte, non du choix des commissions, mais de la loi elle-même qui *dispense* des fonctions du jury « tout homme ayant besoin de son travail manuel et journalier pour vivre ».

De notre liste se trouvent donc écartées à la fois les hautes personnalités de la nation : les représentants des lettres, des arts, de l'enseignement et des hautes fonctions, et toute la masse du peuple ; c'est-à-dire les éléments qui constituent la richesse de l'organisme social, le sang et le cerveau de la cité.

Nous nous bornons en ce moment à constater le fait ; et nous tirons au sort dans la liste ainsi composée nos 40 jurés de session.

. Voici leurs professions :

18 commerçants, 8 propriétaires ou rentiers, 1 écrivain célèbre, 1 capitaine retraité, 1 chef de bureau, 3 architectes, 3 commis ou employés, 1 ouvrier charpentier, 1 professeur, 2 ingénieurs, 1 médecin.

II

A l'appel de son nom, chacun a répondu : *Présent*.
Voici l'heure instructive où « ceux qui ont des motifs d'excuses à faire valoir » vont les présenter. Celui qui a assisté à ce spectacle est fixé sur l'empressement des Parisiens à remplir les fonctions de juré !

Au moment où nous sommes, deux groupes se constituent : le groupe des consciencieux qui prétendent accomplir leur mandat, et le groupe des fuyards, décidés à s'évader à tout prix, et cherchant à leur fuite un prétexte légal.

Cette dernière catégorie a des subdivisions. D'abord, ceux qui organisent savamment une retraite définitive, une retraite sanctionnée par l'arrêt de la Cour qui va statuer sur les excuses. Ceux-là ont su se procurer une pièce sérieuse, un bon certificat. D'autres, moins ambitieux, ne vont pas jusqu'à solliciter leur radiation de la liste de session, mais ils sont décidés à découvrir chaque matin un motif plausible d'être libérés pour la journée.

Ces derniers, assez observateurs, et renseignés

par quelqu'un dans la coulisse, varieront leurs moyens, siégeront une fois ou deux, « pour ne pas se faire trop remarquer ». Le matin, vers onze heures, on les verra affairés, tantôt dans les couloirs, guettant l'avocat, tantôt auprès du cabinet de l'avocat général. Le droit de récusation appartient à la défense et à l'accusation, et il se trouve que ce droit, si rébarbatif d'apparence et qui a pour base la méfiance, devient dans la pratique un aimable pouvoir, semblable dans les mains de ceux qui l'exercent au droit de grâce d'un souverain.

Pour être récusé, le juré insidieux observe les figures. Tantôt c'est la mine de l'avocat, tantôt celle de l'avocat général qui « lui revient » et le dispose à l'attaque. D'ailleurs, s'il échoue près de l'un, il se retournera vers l'autre. Tous deux seront aimables; car chacun, dans l'intérêt de la défense ou dans l'intérêt de la vindicte publique, cherche à se concilier son jury. A l'avocat, le juré qui veut fuir n'a point d'excuse à donner : un mot seulement, accompagné, suivant les caractères, d'un salut ou d'un coup de coude avec un clignement d'yeux : « Maître, récusez-moi ! » Et le maître récuse. A l'avocat général le juré doit fournir un prétexte, qui ne sera pas examiné d'un œil trop farouche... Et il s'en ira, libre et content.

Il est à remarquer que ceux qui cherchent ainsi à

s'esquiver par tous les moyens sont précisément ceux qui semblent avoir le moins d'excuses véritables ; ceux qui appartiennent à la catégorie sociale la plus élevée, la moins préoccupée du pain de chaque jour. C'est surtout dans le groupe de nos dix-huit petits négociants qu'il faudra chercher « ceux qui restent ».

L'ouvrier charpentier fait valoir la dispense formelle de la loi. Des vides se sont faits dans les rangs déjà clairsemés de ceux qui représentaient les professions libérales. L'écrivain célèbre est resté, parce qu'il n'a jamais vu fonctionner les assises, et qu'il n'est pas fâché de voir une fois la pièce de l'Ambigu se réaliser dans quelque drame véritable.

Mais pourquoi donc ces petits commerçants sont-ils si fermes à leur poste ? Ils sont pourtant, plus que les autres, asservis à des nécessités impérieuses, et l'inventaire est là qui les talonne.

Que sais-je ? une gloriole « de quartier ». Dans le milieu où le jury se recrute, c'est un grade d'être juré ; cela se sait et se répète entre voisins. Puis aussi, le goût du spectacle. Enfin il nous est permis de croire, et ceci vaudrait mieux, qu'à mesure qu'on descend des sommets sociaux le sentiment du « concours civique » (je ne dis pas de l'héroïsme civique) apparaît dans les âmes, nuageux encore, mais déjà plus distinct.

Quoi qu'il en soit, la liste est faite, la Cour a statué sur les excuses ; elle a du même coup écarté quelques négociants en faillite ou condamnés pour tromperie, qui étaient parvenus (cela arrive assez souvent) à se glisser sur la liste annuelle.

La liste de service étant constituée, les jurés restants, au nombre de trente au moins, montent dans leur salle. Ils vont y attendre le moment de rejoindre la Cour, qui procédera tout à l'heure, en chambre du conseil, à la formation du jury du jugement pour l'affaire du jour.

III

Ainsi groupés pour la première fois, que pensent tous ces hommes ?

Ils étaient tout à l'heure inquiets et recueillis, et tels ils sont encore. Tout trahit en eux le malaise honorable de petites gens, qui savent combien il faut de temps et de peine pour apprendre un petit métier, et qui sont bien confus de se voir tout à coup et sans aucun apprentissage chargés de faire le plus grand des métiers sans doute : celui qui consiste à rendre la justice, à distribuer les peines, la vie, la délivrance et peut-être la mort. Que cherchent

donc ces mines inquiètes? Elles cherchent un maître,
elles veulent un enseignement. Ce sont mines de gens
qui sentent le besoin de se mettre à l'école, et réclament un instructeur.

Il faut avoir vécu auprès des jurés pour se rendre
compte de l'importance qu'acquiert dans leur milieu
l'homme « informé », autorisé à un degré quelconque
à enseigner « ce qu'il faut faire », à dire « ce qui
va se passer ».

L'ancien juré, par exemple, celui qui a déjà « fait
une session », prend une autorité incroyable. Heureux les jurés, heureuse la justice, si ce vétéran n'est
pas un sot pourvu de faconde, qui va éblouir ses
collègues et les conduire avec éclat à de médiocres
sentences ! Tout est perdu quand le jury « possède
un orateur » ! Car le propre des gens inexpérimentés
qui veulent se mettre en apprentissage est souvent de
choisir l'école à l'éclat de l'enseigne, au tapage du
professeur.

« Mais, dira-t-on, c'est le débat public qui va
éclairer le juré ; c'est ce débat qui sera son école et
qui satisfera son légitime besoin d'apprendre. » N'allons pas aussi vite. Nous verrons tout à l'heure si
dans chaque affaire déterminée l'*enquête orale* peut
suffire à instruire les jurés.

En attendant nous les examinons à ce moment
où, à peine constitués, ils sentent le désir d'étudier

leur métier de juge, songeant à l'affreuse nécessité de
tout apprendre en une quinzaine, et de mettre aussitôt en œuvre les notions qu'ils vont acquérir. De tous
côtés ils regardent, ils s'informent. Leurs yeux rencontrent d'abord l'*Instruction* « affichée en gros
caractères dans le lieu le plus apparent de leur
chambre ». Ils lisent ce texte, ils le dévorent. Il faut
le reproduire tout entier :

La loi ne demande pas compte aux jurés des moyens par lesquels ils se sont convaincus; elle ne leur prescrit point de
règles desquelles ils doivent faire particulièrement dépendre la
plénitude et la suffisance d'une preuve : elle leur prescrit de
s'interroger eux-mêmes dans le silence et le recueillement, et
de chercher dans la sincérité de leur conscience quelle impression ont faite sur leur raison les preuves rapportées contre
l'accusé et les moyens de sa défense. La loi ne leur dit point :
*Vous tiendrez pour vrai tout fait attesté par tel ou tel nombre
de témoins;* elle ne leur dit pas non plus : *Vous ne regarderez
pas comme suffisamment établie toute preuve qui ne sera pas
formée de tel procès-verbal, de tant de témoins ou de tant d'in-
dices;* elle ne leur fait que cette seule question, qui renferme
toute la mesure de leur devoir : *Avez-vous une intime conviction ?* — Ce qu'il est bien essentiel de ne pas perdre de vue,
c'est que toute la délibération du jury porte sur l'acte d'accusation; c'est aux faits qui le constituent et qui en dépendent
qu'ils doivent uniquement s'attacher, et ils manquent à leur
premier devoir lorsque, pensant aux dispositions des lois
pénales, ils considèrent les suites que pourra avoir, par rapport à l'accusé, la déclaration qu'ils ont à faire. Leur mission
n'a pas pour objet la poursuite ni la punition des délits : ils ne
sont appelés que pour décider si l'accusé est ou non coupable
du crime qu'on lui impute.

Ce texte, qui est reproduit presque intégralement dans plusieurs des législations de l'Europe, constitue donc pour le juré, au premier pas de sa carrière, une sorte de *vade mecum* philosophique.

Les commentaires enthousiastes n'ont pas manqué à ce morceau, tout imprégné de lyrisme judiciaire. Cependant, à voir les choses de près, cet article 342 du Code d'instruction criminelle, qui déborde d'ailleurs d'intentions excellentes, ne peut offrir à nos jurés pour les guider dans leurs ténèbres que les lueurs les plus vagues et peut-être même les plus fausses. Ce texte, qui est un résumé de l'article 372 du Code du 3 Brumaire an IV rédigé par Merlin, est moins une instruction à des hommes simples, tirés des rangs des citoyens, qu'une justification philosophique, abstraite et confuse, des principes sur lesquels on entendait fonder l'institution du jury.

La loi, dit-on d'abord au juré, ne vous prescrit point de règles d'après lesquelles une preuve doive être admise ou rejetée. Qu'est-ce que cela veut dire ?

Cela veut dire que l'ancien système des « preuves légales » est définitivement ruiné, et que le législateur y a substitué le système des « preuves morales ». Dans sa portée historique et philosophique, cette phrase a donc un sens qui doit échapper totalement aux dix-huit membres du petit commerce qui composent notre jury.

Sans doute on pourra la lui expliquer en disant :
que le jury peut toujours acquitter, quels que soient
le nombre et l'importance des preuves ; qu'il peut
toujours condamner, quelle que soit l'indigence des
preuves. Mais ceci même pour les jurés ne signifiera
qu'une chose : c'est que, s'ils n'ont aucune barrière,
ils n'ont aussi aucun guide.

Dans d'autres pays (en Angleterre par exemple),
bien que les jurés soient maîtres de leur verdict, on
admet une *théorie des preuves*, c'est-à-dire des règles
qui sont le résultat, soit des statuts, soit d'anciennes
traditions. Il y a des choses que l'accusateur et l'a-
vocat (placés, comme cela devrait être chez nous, sur
un pied de parfaite égalité) *ne peuvent pas dire et
qu'ils n'essaient pas de dire*. Il y a des dépositions
(les témoignages par ouï-dire, par exemple) qu'il est
défendu d'invoquer. De tout cela il résulte que les
jurés, quoique toujours libres et souverains, ne se
sentent point *au-dessus de la loi*. Et c'est précisément
une sensation de despotisme, d'arbitraire absolu,
que l'*Instruction* de Merlin a pour résultat de faire
naître dans l'âme de nos jurés.

Il a été d'ailleurs d'autant plus facile de donner à
cette phrase des interprétations fantaisistes devant le
jury, qu'elle ne peut avoir pour lui que la signification la plus vague.

La seconde partie de ce discours, adressé par Merlin aux jurés de notre siècle au nom de la philosophie du siècle dernier, est un peu plus saisissable que la première. Elle prescrit au juré de descendre en lui-même, d'interroger sa conscience, de chercher quelle *impression* il a reçue au cours du débat.

L'*impression !* Au milieu de ces phrases vagues, voilà le mot qui domine, qui donne sa couleur, sa tendance définitive à la juridiction. Le jury doit juger sur ses impressions, c'est là la seule idée précise et caractéristique qui se dégage du texte cité. Le jury, d'après la loi même, sera une sorte d'enregistreur d'émotions, de plaque photographique où iront se superposer des traits, des images de toutes sortes. L'art de choisir, de débrouiller, de réagir au moyen de son intelligence, de son expérience, après que les impressions ont été subies ; cet art, qui est tout l'art du juge, est étranger au jury ; la loi ne cherche pas à le lui apprendre, ne lui conseille pas de s'y essayer. Il ne doit pas être le peintre qui dispose, combine les couleurs ; il doit être la toile qui subit ces couleurs variées, et qui prend finalement la teinte de la dernière ou de la plus active. Le jury décidera « dans la sincérité de sa conscience » d'après *la plus forte des impressions qu'il aura subies.*

Enfin, l'article 342 s'achève par cette distinction célèbre du « fait » et du « droit » qui est le principe même de notre juridiction criminelle, et, à nos yeux, une des causes les plus graves de son imperfection.

Les jurés doivent « s'attacher uniquement aux faits qui constituent l'acte d'accusation ». Le domaine du droit leur est sévèrement interdit. Ils ne sauraient, sans « manquer à leur premier devoir, penser aux dispositions des lois pénales » et « considérer les suites que pourra avoir, par rapport à l'accusé, la déclaration qu'ils ont à faire ».

Que d'erreurs, de soupçons, de calomnies et d'équivoques, que de sentences mauvaises sont nées de cette prescription bizarre, qui ne saurait être et qui n'est point obéie !

« La première question, disait Tronchet, à la séance du jeudi 29 avril 1790, est de savoir si vous admettrez des jurés destinés à distinguer le fait et le droit... *Cette distinction est et sera toujours impraticable.* »

Et Robespierre de répondre : « Les faits sont toujours les faits ; le commun des hommes peut en être juge ! »

Une expérience de cent ans semble bien avoir donné raison à Tronchet et tort à Robespierre. Nous le verrons plus loin. Ici nous n'avons qu'à noter le trouble et la confusion que le texte emphatique de l'article 342 fait naître dans l'esprit du malheureux juré. Il revient à lui dire : « Seul parmi les Français, vous êtes censé ignorer la loi, et dans le moment même où vous auriez un besoin si pressant de fixer les regards sur elle, ne tentez pas de la connaître, vous commettriez une mauvaise action ! C'est en vous-même qu'il vous faut trouver de quoi suppléer aux enseignements de tous les codes. Rentrez donc en vous-même ! »

Mais une cloche a retenti : avant de rentrer en eux-mêmes, il faut que les jurés se rendent à l'audience ; voici qu'on les appelle en Chambre du conseil. Ils descendent un à un, pensant peut-être à la vague homélie qui jusqu'ici s'est seule offerte à leur besoin d'apprentissage. Quelques-uns, d'esprit avisé, ont demandé à « l'ancien juré » des renseignements que Merlin et le Code n'avaient pas prévus. D'autres, les moins fiers, aiment, à cet instant critique de leur début dans la magistrature, à entrer en relations avec *le garçon de la Cour d'assises*, c'est-à-dire avec quelqu'un qui « sait », et qui « voit » tous les jours, qui peut d'un mot, d'un geste, d'un sourire, mettre un juré novice au courant des choses et des gens. Ce garçon prend vis-à-vis du juré une réelle importance. Il est, par rapport au texte solennel de l'article 342, ce qu'un fait d'expérience, vu, réel et vécu, est à un système de métaphysique.

IV

Donc les jurés sont dans la Chambre du conseil, dans cette salle haute et carrée, où leurs yeux, d'abord levés au plafond peint, aperçoivent une Justice grasse et blanche qui défend d'une main quelque innocence blonde, et menace de l'autre le crime brun et crépu.

A gauche, les fenêtres ; à droite, le grand mur où l'accusé se tient, debout entre ses gardes, adossé contre la plinthe, l'œil surpris, la paupière battante dans ce jour clair succédant tout à coup à l'obscurité des couloirs. En face des jurés, la cheminée très haute, surmontée du visage barbu d'Achille de Harlay. Au milieu de la salle, la table ovale à tapis vert, supportant l'urne et entourée des fauteuils où la Cour, en robes rouges, a pris place. Le président, tandis que chacun s'installe, debout et relevant sa manche, la main déjà plongée dans l'urne, regarde les jurés. Devant la cheminée, l'avocat prépare ses récusations, et d'un œil vif, scrute ses juges, supputant à leur mine renfrognée ou débonnaire ses chances d'acquittement. L'avocat général, assis à côté de la Cour, a intérêt aussi à étudier les physionomies de ces nouveaux jurés avec lesquels pendant quinze jours il va vivre.

Chacun observe, dans cette salle, et chacun est observé. Il y a dans l'atmosphère autre chose que la tristesse solennelle qui convient à ce lieu : il y a une froideur, une gêne visible. On dirait des troupes ennemies pendant quelque veillée des armes.

Ces hommes cependant sont réunis pour accomplir une œuvre collective de paix sociale et de justice ; leurs intentions à tous, répétons-le hautement, sont d'agir pour le mieux, pour le droit et la vérité. Comment donc semblent-ils se défier les uns des autres ?

Ce juré, novice et désireux d'apprendre, n'a-t-il pas justement dans le magistrat l'éducateur tout trouvé, le conseiller naturel et légal de son inexpérience ?

Mais non, ce juré inquiet est avant tout soupçonneux. Il a sur tous ceux qui l'entourent, sur le magistrat, sur l'avocat, même sur les bons gardes républicains, qu'il englobe dans la « police », une opinion préconçue et peu favorable que trahit l'attitude de sa personne endimanchée.

La robe rouge d'abord l'impressionne : cet uniforme de caste qui élève et maintient la barrière entre le juge de circonstance et le juge de profession.

Puis, le juré n'est-il pas convaincu, d'après son

journal, d'après l'opinion courante de son milieu, que le magistrat a une tare professionnelle, un « calus » qui empêche tout sentiment humain de se frayer la route vers son cœur endurci ? Ne croit-il pas que ce magistrat voit dans chaque accusé un coupable, d'avance condamné ; que d'ailleurs il a un intérêt de premier ordre à ce que toute affaire s'achève par une condamnation rigoureuse ; que les acquittements lui sont comptés par « ses chefs », et même au ministère, comme de mauvais points à un élève peu diligent ou mal doué ?

Sur l'avocat général son opinion est plus claire encore. Celui-ci, cela est convenu, sera toujours et quand même « l'accusateur » inexorable, sourd à toute défense, mort à toute pitié !

Mais l'impartialité la plus stricte et la plus délicate n'est-elle point l'office capital du président d'assises? Le juré peut-il l'ignorer?

Il l'ignore en effet, et comment, à première vue, ses soupçons seraient-ils dissipés à l'aspect de la Cour ?

Président et accusateur ont tous deux le même costume, et, de rouge vêtus, familiers et échangeant des signes, ils sont assis dans deux fauteuils semblables, lorsque le défenseur et les jurés eux-mêmes sont debout. Ce voisinage intime des conseillers et du ministère public, cette alliance créée par la fonction et l'uniforme, par les mœurs et les traditions, fortifient les soupçons de notre juré à l'égard des deux magistratures.

Ne croit-il pas d'ailleurs, si la session comprend une affaire de presse, un procès politique, que ce président et cet avocat général vont se révéler à lui comme des « agents politiques », « instruments du pouvoir », pliés et façonnés par leur éducation ou même « contraints directement au zèle le plus domestique ? »

Et ce jeune avocat qui, perdu dans ses manches, sautille d'un air vif devant la haute cheminée, que pense sur son compte notre ombrageux juré ? Du mal, beaucoup de mal ! Ce frais stagiaire qui va plaider d'office, gratuitement, cela va sans dire, et, tremblant sous sa robe, se donne un air de crânerie, n'est-il pas « le mensonge même, le mensonge insinuant, tentateur et intéressé ! »

Notre juré se tient donc en garde contre tout le monde, et c'est avec un sentiment de visible méfiance qu'il écoute l'allocution du président.

Dans la suite de cette étude, nous allons voir le débat s'engager. Alors, peut-être, ce juré qui à présent n'est à personne, et que toute apparence de mainmise officielle sur sa conscience droite fait cabrer et rend indomptable, ce juré appartiendra « à qui saura le prendre », aux circonstances, à de futiles conjonctures, au mot bien ou mal dit, aux murmures de la foule, au vent qui arrive du dehors, à ces hasards perfides que le théâtre des Assises met en jeu. Sous son air renfrogné il veut être séduit, et nous verrons comment la séduction s'opère, parmi les incidents de l'enquête tumultueuse où celui qui voudra gagner ces juges incertains songera moins à les instruire qu'à bien connaître leurs goûts et leurs faiblesses ; songera surtout à démêler le petit fait insignifiant qui, à leurs yeux de myopes, l'emportera enfin et produira la « petite secousse », l'impression dernière qui fixera le verdict.

CHAPITRE II

I

Les jurés sortent de la Chambre du conseil,
l'heure du débat oral a sonné. Donc « audiençons la
cause, et chacun estant en la place qu'il doibt, en-
trons à bon escient au combat ! » Ainsi parlait Pierre
Ayrault, magistrat du xvie siècle, dont l'esprit nova-
teur et hardi réclamait des réformes qui ne sont
pas encore réalisées.

Au combat ! c'est bien le mot — ou plutôt au

tournoi, à la lutte brillante où, dans l'éclat des passes d'armes, dans le cliquetis joyeux des épées, disparaissent aux yeux du spectateur les deuils qui ont ouvert cette lice, et ceux qu'elle va faire naître.

Nous choisissons, pour pénétrer dans la salle de la Cour d'assises, un jour de « crime célèbre »; et ces jours-là, dans notre audience parisienne envahie par le public, la note dominante, on peut le dire, est la gaieté. Depuis quelque temps, il est vrai, cette gaieté ne tourne plus à l'indécence; grâce à de sages mesures, les sandwiches, le champagne et les personnes qui en faisaient usage sont exclus des bancs réservés [1]; la salle n'offre point de scandale, mais elle présente toujours un désordre riant et animé. Clinique de théâtre plutôt que d'hôpital; salle propice aux « attitudes » par les belles distances que l'architecte a ménagées entre les acteurs. On sent que tout le monde est ici hanté de souvenirs romains; l'œil cherche les éperons de fer des navires d'Antium à ces rostres sculptés d'où l'avocat va émerger, tragique! Le milieu, l'atmosphère,

1. La tendance du public français à rechercher à la Cour d'assises les émotions du spectacle est ancienne et invétérée. Les gardes des sceaux, à diverses reprises, et notamment le 7 juillet 1844, ont protesté contre les distributions de billets « qui transforment la salle d'audience en une salle de théâtre » ils se sont plaints de l'envahissement de la foule « dont les manifestations réagissent quelquefois sur les jurés »

imposent aux personnages qui, par diverses portes, pénètrent dans la brillante salle, quelque chose de la contenance d'artistes prêts à jouer un rôle, et supportant déjà le feu de tous les regards.

Plus modestes assurément que les autres acteurs du drame, les douze jurés, un à un, paraissent au bout du couloir sombre qui mène à leurs sièges. Les voilà assis, très graves, très émus (c'est là leur grand mérite) à l'aspect de l'accusé qui apparaît en face d'eux. Ils considèrent la salle : à leur gauche, la Cour sur une haute estrade, le fond de boiseries sculptées, l'épée, la balance, le grand Christ ; en face le barreau, les avocats, leurs secrétaires, l'accusé et ses gardes, les rangs pressés des journalistes ; puis, à droite, la foule : un premier rang de robes noires, et, vers le fond mal éclairé, une houle de têtes curieuses, de regards tendus vers le drame. Et partout, à la grande horloge, aux corniches, des scintillements d'or, une gaieté décorative bien en harmonie avec l'ensemble, avec l'aspect « amusé » de cet auditoire. On se place, on s'émeut, on reconnaît les personnages, tout à l'heure on va rire, applaudir et pleurer. C'est fort joli, en vérité, c'est vivant et grouillant sous le jour clair qui tombe des hautes fenêtres ; mais ce tableau offre deux taches sombres : l'accusé pâle et le juré inquiet qui sont là face à face.

Pendant les premières formalités de l'audience, pendant ces « stilz et menues pratiques » qui lassent l'attention et causent d'inutiles retards, quittons un instant notre Cour d'assises. Franchissons la distance, si brève et si immense, qui sépare la Cité de Paris de la Cité de Londres, la place Dauphine de Newgate Street. Cette courte excursion est nécessaire au but de ces études; il faut que le lecteur puisse, en traits généraux, comparer le débat parisien au débat de la cour criminelle de Londres, embrasser d'un coup d'œil ces deux salles célèbres : la salle d'Old Bailey collée aux flancs du vieux et noir Newgate, notre salle d'assises posée sur les cachots de la Conciergerie.

II

Old Bailey. Rien de saillant à l'extérieur, surtout rien de monumental : l'entrée quelconque d'une banque d'Holborn. L'accès de la salle d'audience est défendu par des couloirs étroits et des escaliers minuscules. Dès le premier pas, on voit que ce lieu, qui est le lieu par excellence de la justice publique, n'est pas fait pour « le public », ni surtout pour la foule, que rien n'y attire. La presse est présente et contrôle tout, c'est elle qui constitue la publicité. La salle est une sorte de puits étroit et sombre ; elle est plus exiguë que la moins grande des chambres correctionnelles au palais de Paris. A coup sûr les gens parqués dans ce trou noir et incommode y sont venus « pour affaires » et non pas « pour la galerie ». C'est là, dans ce lieu mesquin et presque misérable, qui ne garde même pas, dans sa nudité bien lavée, le cachet de sa vétusté, que depuis quelques siècles fonctionne le jury, et que, par les efforts d'un peuple opiniâtre, on a vu la justice la plus indépendante et la plus libérale succéder aux violences et à la corruption. C'est dans cet Old Bailey que fut jugé en 1670 le procès de William Penn, au cours duquel on vit, parmi bien d'autres scènes, les membres de la Cour se jeter sur l'accusé et le renverser en l'accablant d'injures... Ce n'est plus tout à fait ainsi que les choses se passent à présent.

Le seul espace un peu large et commode, dans cette salle resserrée, est une estrade où se tient l'accusé. A sa place, *in the dock*, il est libre, il peut aller et venir, se lever ou s'asseoir, à son gré. Point de soldats autour de lui ; un seul gardien se tient à un petit bureau dans un coin de l'estrade, avec un air de scribe plutôt que de geôlier. Tout de suite, on sent que ce *prisoner* dans son *dock* est un être sacré, intangible. Il consulte ses notes, il discute à voix haute d'un ton de créancier, et il est créancier en effet : on lui doit la preuve de son crime.

Devant ce prisonnier, et séparé de lui par un petit espace, s'étend contre le mur une étroite, longue et dure banquette. C'est là que siègent de temps immémorial, et sans grand souci des solennités symétriques, les shériffs et sous-shériffs de la Cité de Londres, un alderman, quelquefois le lord-maire, et tout au bout, à une place qui n'est pas la place centrale et que rien ne distingue, un des grands juges d'Angleterre.

Les magistrats de la Cité, on le sait, sont là chez eux. Par une tradition ancienne, ils « reçoivent » le juge de la Reine, et assistent au procès dans leurs fourrures et leurs robes violettes : le lord-maire au milieu, sous le dais et le glaive, les shériffs portant au cou de lourdes orfèvreries, tous allant et venant, peu absorbés par leur tâche décorative, et ayant tout loisir à l'audience pour respirer leurs bouquets de roses fraîches et pour froisser entre les doigts ces brins de feuilles parfumées qui sont en petits tas au coin de leurs bureaux.

A droite du juge et près de lui à le toucher, une tribune où monte le témoin pour faire sa déposition, puis, sur deux bancs, les douze jurés. En face du jury, des gradins incommodes où s'entassent quelques spectateurs privilégiés, les témoins, les reporters, et les avocats *(barristers)* qui ne sont point dans la cause.

Enfin, au plus bas de la salle, entre le bureau du greffier, le *dock* de l'accusé, le *box* du jury et les gradins inférieurs, une table assez large occupe tout ce fond de puits. Autour d'elle, sont assis coude à coude, justement sous le juge, et à deux pas du jury, les avocats de la cause : celui qui accuse, *counsel for the prosecution* et celui qui défend, *counsel for the prisoner.*

L'impression que produit ce prétoire modeste est celle du lieu le plus étroit, le plus terne, dans ses peintures grises où l'œil n'est attiré par aucun ornement. Lieu fort impropre assurément aux effets de théâtre, aux grands éclats de voix ! Surtout ici pas de gaieté ! le brouillard londonien s'est glissé dans la salle, voilée d'ennui et de brume. La seule voix qui sonne, un peu haute et tranchante, est, nous l'avons dit, celle de l'accusé. Écoutons cette voix, écoutons ce que ces gens disent.

Peu de bruit, pas de gestes, ils conversent d'un ton posé, avec des silences.

Le juge, très serré dans sa robe rouge collante, les épaules couvertes d'une sorte de pèlerine, le crâne surmonté d'une étrange demi-perruque qui supplée celle des grands jours, est penché sur son petit bureau et écrit sans trêve. La loi lui fait un devoir de prendre des notes, et ces notes, plus tard remises au jury, lui fourniront à l'heure décisive une photographie du débat oral exécutée par son meilleur témoin.

Témoin, c'est bien le nom qui convient à ce magistrat : témoin, arbitre et juge, jamais accusateur. S'il intervient, c'est pour expliquer au prisonnier l'étendue de ses droits, et parfois pour rappeler quelqu'un, d'un mot très rude, au respect absolu qui est dû à l'accusé. Mais cela est rarement nécessaire, et pendant presque tout le débat le juge est silencieux.

Il ne s'occupe pas des questions de forme; les « formules sacramentelles et gestes de justice » sont ici réduits au minimum ; pour ce qui est nécessaire, cette manœuvre est commandée par des huissiers rapides et bien stylés. Le juge, à la fin du débat, donnera au jury des instructions précises sur les questions de droit qu'il aura à trancher; il résumera l'affaire avec l'impartialité la plus stricte; et s'il y a condamnation, il appliquera la peine, souvent avec grande rigueur.

Pendant toute l'audience ce calme magistrat (qui est une très importante personnalité, de nom connu dans toute l'Angleterre) remplit son devoir avec un souci d'équité, un effort d'attention, de sérénité si visible, que dans ce lieu ennuyeux et terne, devant ce juge à perruque ridicule, on se sent pris d'un véritable respect : de ce respect qu'inspire aux pauvres hommes tout effort bien sincère vers l'idéal inaccessible de justice et de vérité.

Cependant ces juges sont des hommes, il en est parmi eux de jeunes et d'ardents (oh! d'une ardeur discrète, et qui partout ailleurs serait encore du flegme britannique!) que le débat émeut et qui le laissent voir. Or, en bien des pays, un juge fâché tourne son humeur contre l'accusé. A Old Bailey, c'est le contraire. Si le juge est nerveux, tant pis pour l'accusation! c'est elle qui sera maltraitée.

Quant au débat, quelle impression première et tout extérieure se dégage de lui ?

Ces avocats raisonnent plutôt qu'ils ne plaident, dans le sens oratoire du mot. Ils sont d'ailleurs tout près du jury, et la place est si étroite que si le bras du *barrister* s'abandonnait à quelques gestes, les perruques voisines en seraient sûrement dérangées. Ces voix qui questionnent, répondent, exposent un fait, ne s'élèvent jamais au-dessus du diapason naturel à des hommes d'affaires discutant autour d'un tapis vert.

Un seul trait suffirait à marquer entre ce débat et le nôtre une différence capitale. A chaque instant, à Old Bailey, la discussion est coupée de longs silences. Le juge, sans lever la tête, a fait un signe du doigt, et le témoin, qui parlait trop vite, s'est arrêté : le juge écrit la déposition, et cela dure plusieurs minutes. Nul ne dit mot et nul ne s'impatiente. Ensuite, c'est l'avocat qui, sans se hâter, recherche une pièce ; enfin c'est l'accusé qui, après de longs discours étrangers au débat — lui seul dans cette salle a le droit de s'écarter ainsi du sujet de l'*indictment* —, s'arrête tout à coup, consulte ses papiers, et fait une longue pause. Personne ne s'agite, personne ne le presse, même si ce retard fait redouter une audience de nuit.

Ce patient débat, avec ses arrêts de calme et de réflexion, marque une recherche de la vérité, un peu lente, sérieuse, exempte de toute pose. C'est une « preuve » que ces gens-là veulent établir, non pas un « effet » qu'ils veulent produire. Ils travaillent à l'audience, ils n'y viennent pas avec « leur siège fait. »

Dans notre solennelle audience de Paris, point de moments de silence, point de laborieuses recherches. Tout se déroule majestueusement comme une représentation bien réglée, comme une brillante sonate, où l'on ne peut souffrir d'autres pauses que celle que le compositeur a voulues et marquées.

Avant de quitter la salle d'Old Bailey, regardons les douze jurés londoniens, assez semblables aux nôtres comme aspect extérieur. Ce sont aussi de petits négociants, mais ils paraissent bien plus au courant de leur besogne que les jurés parisiens. Ils sont plus libres d'allures, point ahuris ; ils prennent des notes, ils causent ensemble à voix basse et rapide, et posent des questions au témoin d'un ton net fort semblable à celui du *barrister*. On est surpris de voir avec quelle rapidité, après les derniers mots du résumé, ils parviennent séance tenante, dans cinq affaires sur six, à se mettre d'accord. Ils restent à leurs bancs, se consultent rapidement; l'unanimité obtenue, le chef du jury fait un signe et murmure le mot : *guilty*. C'est le verdict, ainsi rendu sans formalités solennelles ; la sentence le suit aussitôt. En somme, ces jurés donnent l'impression de gens habitués à leur tâche, familiers avec les débats judiciaires auxquels ils sont contraints de participer très fréquemment ; ils ont une véritable expérience. Comment en serait-il ainsi chez nous ? nos jurés d'exception, de décor, n'ont pas le temps de s'adapter à leur tâche, et leurs essais de novices, forcément maladroits, compromettent l'institution.

Enfin le juré anglais (et cela est une impression capitale) semble fixé dans le calme et la sérénité par sa confiance dans le juge. Au bas de la salle, aux pieds de cet homme, il y a le doute, le débat, peut-être le mensonge. On a dit blanc « pour la couronne », on a dit noir « pour le prisonnier ». Des témoins, habilement interrogés, ont perdu pied et se sont contredits. A Paris on eût fait appel aux passions ; à Londres, on a poussé le jury (c'est de ce côté qu'il penche) vers les périls d'une casuistique subtile... Pour calmer sa conscience, le juré n'a eu qu'à regarder au-dessus du débat le juge qui le dirige. Moins il intervient, plus il semble plongé dans ses notes, plus son autorité est grande quand il faut, dans un cas décisif, admettre ou rejeter un témoignage, statuer en droit, résumer la cause, ou encore tout interrompre en disant au jury : « Vous devez acquitter, l'accusation n'est pas sérieuse. » Le jury ne se sent pas seul, perdu au milieu d'un océan de contradictions et de doutes : il se confie à un guide sûr.

Qu'on ne se hâte pas de conclure, après cette rapide esquisse, que nous entendons proposer une imitation totale ou partielle de la procédure anglaise. L'Angleterre, si utile à comprendre, est bien dangereuse à imiter, grâce au caractère national si tranché qu'elle imprime à toutes ses institutions. Nous n'avons voulu donner ici qu'une impression d'ensemble de cet appareil judiciaire sur lequel, il y a cent ans, nos législateurs avaient cru modeler le nôtre.

Avouons d'ailleurs que l'audience londonienne aura toujours un terrible défaut à des yeux parisiens : elle est ennuyeuse ! A Old Bailey, comme aux tribunaux de police, à Bow Street par exemple, c'est un ennui morne que distille cette procédure si calme et si sage ! A propos d'une comparution à Bow Sreet, nous lisions récemment la narration d'un journaliste parisien que cette audience sans entrain avait stupéfié et navré : « Ce compte rendu exact, disait-il, vous paraîtra bien froid, mais il reflète absolument l'impression que m'a produite cette audience sans majesté, sans rien d'émouvant ou même d'intéressant. Un court débat entre quatre hommes figés dans leur flegme, et c'est tout ! » Les Français cependant s'indignent à l'occasion de l'aspect théâtral de leur Cour d'assises, des passions, des rumeurs, des gaietés qu'elle excite. Mais en cela comme en bien des choses, ils blâment ce qu'ils aiment le mieux, montrant que leur esprit a assez de justesse pour critiquer ce que leur tempérament a voulu.

Rentrons maintenant dans la salle brillante où nous avons laissé nos douze jurés parisiens.

III

Un rentier, un médecin, un architecte, un capitaine retraité, un « homme connu » et sept négociants, voilà notre jury de jugement.

Quant à l'affaire, parcourons, pour la choisir, le « rôle » de la session. Ce rôle moyen est aisé à composer. Dans une année récente, en 1890, le jury de la Seine a eu à statuer sur 301 accusations, et 473 accusés [1]. Une session moyenne comprend 12 audiences et 18 affaires. En répartissant le plus exactement possible entre les 24 sessions le chiffre annuel de chacune des variétés de crimes déférés au jury, nous trouvons pour notre rôle de quinzaine : 6 vols qualifiés, 3 attentats à la pudeur, 1 abus de confiance, 1 faux, 1 infanticide, 1 assassinat, 2 tentatives de meurtre dits crimes passionnels, 1 banqueroute frauduleuse, enfin 1 délit de presse.

Cette dernière affaire, le délit de presse devant le jury, est tellement spéciale et nous paraît si importante au point de vue des conclusions de ces études, qu'elle sera l'objet d'un examen particulier.

---

1. Ces 301 affaires ont soumis au jury parisien en 1890, 473 accusés. Sur ces 473, 148 ont été acquittés (c'est-à-dire 31 p. 100) ; 155 ont été condamnés à des peines correctionnelles ; de sorte que la juridiction de la Cour d'assises n'a appliqué de peines afflictives et infamantes qu'à 170 accusés. A Londres, en 1893, le jury a statué sur 2.361 affaires et 4.036 accusés. Il y a eu 402 acquittements (c'est-à-dire 13 p. 100) et 12 verdicts de *guilty but insane* (c'est-à-dire 12 déclarations de démence). Quatre accusés ont été condamnés à mort, 391 à la servitude pénale, 1.867 à l'emprisonnement, 293 à « d'autres punitions » telles que le fouet, l'amende, etc. La peine du *fouet* (*whipping*) a été appliquée, surtout pour « vol simple », à 5.056 personnes en 1893.

Aujourd'hui nous placerons nos jurés en présence d'une affaire d'assassinat. Cela, nous l'avouons, est contraire à l'usage qui veut que l'éducation du jury soit progressive, et qu'une affaire simple lui soit donnée le premier jour de la session. Mais, objectera-t-on, qu'est-ce qu'une affaire simple, et qui la juge telle? En tout cas l'accusation d'assassinat déférée à notre jury n'est pas simple. Elle est assez délicate et assez dramatique pour avoir passionné Paris, et elle offre tous les dangers d'une « cause célèbre. »

Quels sont les pouvoirs du juré à l'audience? Quel est son rôle pendant le débat? Rôle tout passif; le juré peut prendre des notes, et d'ordinaire il n'en prend pas; le juré peut, en demandant la parole au président, poser des questions aux témoins, et d'ordinaire il n'en pose pas; mieux encore, le juré peut réclamer tous les éclaircissements qu'il « croit néces-saires à la manifestation de la vérité », et d'ordinaire il n'en réclame pas.

Personne ne se plaint de ce mutisme, car, il faut bien le dire, on n'aime guère au Palais les interven-tions de jurés. Que l'un d'eux, en levant le doigt à la façon des écoliers, réclame la parole, aussitôt la Cour et le barreau sont en proie à la plus noire inquiétude. Il va « faire une nullité », manifester son opinion, et dans ce cas, autant partir et renvoyer l'affaire à une autre session, il faudra tout recommencer !

La question est posée enfin ; neuf fois sur dix, elle est si inutile, si vague, ou bien si étrangère à l'objet des préoccupations que le témoignage a fait naître dans l'esprit des gens expérimentés, que l'anxiété disparaît de tous les visages pour faire place à un sourire. Sourire aussitôt retenu, car ce juré souverain, qui est guetté par tant de critiques, ne compte à l'audience que des flatteurs. Si puérile ou même ridicule que fût sa question, il y aura quelqu'un pour le considérer après qu'il s'est assis avec un hochement de tête discrètement approbatif, un signe respectueux que la question est comprise, qu'elle a une portée immense et qu'il fallait du génie pour songer à la faire.

Malgré cet accueil flatteur, peu de questions se produisent. Pour des raisons diverses, le rôle de notre jury se borne à l'audience à une appréciation silencieuse et passive des faits qui se déroulent devant lui.

Son devoir est d'y rechercher les éléments d'une réponse à la question qui lui sera posée tout à l'heure : cet homme est-il coupable d'avoir tué ? Il doit donc apprécier, dans le débat, la preuve matérielle du crime, et celle de la responsabilité du criminel.

Cette tâche est-elle aisée ? Très aisée, au dire de beaucoup de juristes. Une question de droit, disent-ils, est chose difficile ; il faut des savants pour la résoudre ; mais juger du fait, voire même des intentions, de la « moralité du fait », c'est une œuvre facile à laquelle suffisent des hommes « simples et purs » possédant « les lumières du sens commun » et une bonne conscience bourgeoise.

Cette philosophie, assez rudimentaire, est à peu près celle du Code de 1808 ; mais les temps approchent, sans doute, où les législateurs en pareille matière devront accepter le souci d'analyses plus raffinées. Dès à présent, et sans prendre parti sur des problèmes philosophiques étrangers à l'objet de ces études, il est utile de dire que cette question : « Est-il coupable ? » loin d'être simple et aisée à résoudre, est la plus haute et la plus complexe qui puisse faire trembler un juge.

Quand le jury criminel fut organisé en 1791, on commença par lui demander, en deux questions distinctes, si « le fait était constant ? » et, en cas d'affirmative, si « l'accusé était convaincu ? » Cela parut équivoque, et le 5 octobre 1794 [1], à la demande de Sieyès, la Convention nationale dut s'expliquer nettement. « Considérant, dit-elle, que le grand bienfait de l'institution des jurés consiste principalement en ce que l'intention des prévenus doit être

---

1. C'est pour résoudre un cas particulier que ce décret fut présenté, dans l'affaire et sur la pétition de Geneviève Leduy, condamnée à six ans de gêne pour faux témoignage.

examinée et appréciée, à la différence de l'ancienne instruction criminelle qui ne s'appliquait qu'aux faits... décrète que les présidents des tribunaux criminels seront tenus de poser la question relative à *l'intention*, et les jurés d'y prononcer par une déclaration formelle et distincte. »

Ce système passa dans le Code des délits et des peines du 3 brumaire an IV. Chaque juré se prononçait séparément sur les trois questions. Il « mettait la main sur son cœur », et s'il voulait condamner, disait : « Sur mon honneur et ma conscience, le fait est constant, l'accusé est convaincu, il a commis le fait méchamment et à dessein. » Enfin, après beaucoup de controverses, d'équivoques, de malentendus, on arriva, en 1808, à fondre toutes ces questions en une seule : celle qui est posée aujourd'hui, la question de « culpabilité ».

Question simple ! Elle a pu paraître telle, sans doute, quand les hommes se croyaient en possession d'une solution inattaquable du problème de la liberté humaine, ou plutôt quand ce problème ne s'était jamais posé devant eux. Mais aujourd'hui, avec la mêlée des systèmes, avec les théories vulgarisées, répandues partout, des fatalités ataviques, du déterminisme, de l'influence corruptrice du milieu social, qui donc déclarera que « cet homme est coupable » sans émotion ni doute, avec sérénité ?

Mais dira-t-on, les jurés, hommes simples et peu lettrés, ignorent les systèmes philosophiques et ne s'en embarrassent guère ! Je prétends que c'est une erreur, et que dans tous les cerveaux, même les plus bornés, toutes les idées du siècle parviennent à s'introduire, se reflètent comme en un miroir trouble. L'école, la caserne, le livre, le journal, ont agi sur ces esprits ; les notions simples et absolues y ont été ébranlées, et à leur insu sommeillent en eux tous les doutes philosophiques que la parole de l'avocat ou de l'expert va éveiller.

Cet homme, leur a-t-on dit, est le produit fatal, inévitable, d'une hérédité, d'une race. Il est un criminel-né, victime irresponsable de phénomènes physiologiques dont son être est le théâtre : théâtre bien moderne, où l'acteur fait les gestes que lui dictent de la coulisse ses barbares aïeux.

D'autres voix ont répondu : Cet homme est-il dangereux ou non ? Le coupable est celui qui nuit à la société en refusant de s'adapter aux principes qui la soutiennent. S'il est incorrigible, il est hors de propos de soulever à son sujet des problèmes insolubles. Mettez-le hors d'état de nuire !

Mais d'autres voix se sont élevées encore, voix nombreuses, que le jury écoute d'une oreille singulièrement attentive : S'il y a désaccord irrémédiable entre cet homme et la société, à qui la faute ? N'est-ce pas la société elle-même, la corruptrice, qui a déterminé le crime par son organisation vicieuse du travail, de la famille, de la propriété?

Et cette objection est sans doute plus saisissable au jury que toute autre. Le juré n'a-t-il pas vu dans le journal, dans la réunion publique, glorifier le criminel martyr, prophète de la révolution inévitable?

L'accusé qui est là, à son banc, même si son crime est matériellement avéré, reste donc pour son juge un redoutable mystère. Est-ce un malade? est-ce une victime? est-ce un criminel libre et volontaire, méritant son châtiment? En tous lieux, aujourd'hui, ces questions se discutent, et même dans les milieux les plus éclairés, elles n'aboutissent le plus souvent qu'à une mêlée confuse d'où ne surgit aucune solution. Ici, en Cour d'assises, il faut conclure et traduire immédiatement son opinion dans les faits; il faut que le juré choisisse, dans la panoplie des systèmes, l'arme avec laquelle il frappera!

Mais enfin, nous dira-t-on, cette difficulté, résultat de la complexité de l'esprit du siècle, n'est pas spéciale au jury; elle est inhérente à l'acte de juger, et il nous faut bien passer outre, puisque les hommes ont besoin de jugements!

Cela est indiscutable; mais il nous a paru utile de combattre l'opinion si légèrement admise de la facilité de la tâche du jury. Il faut se rendre compte des difficultés de l'œuvre pour sentir la nécessité de créer un bon outil pour l'accomplir. Or l'œuvre du jury est une des plus ardues parmi les œuvres humaines. Juger en toute équité la responsabilité d'un homme, cela est impossible en soi, et correspond à la recherche de l'absolu. La juger le moins mal possible, c'est une tâche fort lourde, et dont la difficulté dépasse celle de la plus subtile des questions de droit.

Les questions de droit, en effet, ne comportent qu'un nombre limité de solutions entre lesquelles un jour la science choisit; le magistrat s'appuie d'ailleurs sur des précédents, sur des jugements antérieurs. Le jury par son essence, ne peut s'appuyer sur aucune jurisprudence. Son verdict ne se liera pas à la chaîne des *précédents*, pour former avec eux un corps de doctrine de nature à guider les jurys futurs. Chacun de ses verdicts est un cas unique, et comme un décret nominatif de la Providence, applicable à telle action commise par tel individu, inapplicable à tout autre. Reconnaissons que de tels décrets sont malaisés à rendre, et appliquons-nous au moins à ne rien ajouter aux difficultés inhérentes à une pareille tâche.

IV

Or, malheureusement, notre audience d'assises est encombrée de ces « gestes et cérémonies » qui « bien souvent gastent la justice, comme trop d'agiots et de baise-main la piété », et qui ont de plus l'inconvénient grave de lasser l'attention du jury. Je sais bien que nos vieux auteurs répétaient à l'envi que « Justice gist en formalités ». Mais si ce précepte fut exact au lendemain des temps barbares, quand il fallait en imposer à des hommes rudes et contenir leurs violences dans les lisières d'un formalisme rigoureux, aujourd'hui il est sans objet. L'abus des précautions sacramentelles, des allées et venues, des « délibérés » pour le moindre « incident », des menus actes solennels dans lesquels une erreur minime peut conduire à tout annuler, se fait sentir à chaque pas de la procédure. Les exemples seraient innombrables ; en voici quelques-uns qui se reproduisent sans cesse.

De bon matin, les jurés de session sont venus au Palais, fort pressés, et désireux, si leur nom ne sort pas de l'urne, de retourner chez eux. Or, il y a deux affaires à juger ce jour-là : sans doute le même jury siégera toute la journée? Non certes, il faut à chaque cause son jury spécial. Or, comme nul ne peut savoir à quelle heure finira le premier procès, les jurés du second perdront la journée entière : ils sont dérangés, mécontents. Pourquoi ne pas soumettre au même jury toutes les affaires du jour? Quelle sorte de garantie peut résulter d'un tel formalisme? Ce sont là, dira-t-on, de bien petites choses; mais, accumulées, elles ont un grand résultat, celui de décourager tout le monde des œuvres du « concours civique » et de faire croire aux justiciables qu'on se plaît à semer les retards, les vaines attentes, les ennuis de toute sorte devant les pas de ce plaideur, de ce témoin, de ce juré. C'est la *forme*, inutile et sacrée, qu'ont héritée nos codes, dont jouiront aussi nos arrière-neveux si nous n'y prenons garde !

Autre exemple. Nos jurés auront à statuer sur trois affaires de mœurs. Ils verront là, sans les comprendre, de bien étranges cérémonies. On sait que la Cour peut ordonner que le débat ne soit pas public, si cette publicité « est dangereuse pour l'ordre et les mœurs ». On prononce donc le huis-clos, les portes sont fermées. Mais un incident se produit; un témoin assigné n'a pas comparu. Renverra-t-on l'affaire, ou doit-on passer outre aux débats ? Le président va prononcer un arrêt sur ce point ; mais comme cet arrêt n'a rien de blessant pour les oreilles les plus chastes, le huis-clos ne peut-être maintenu.

— « Ouvrez les portes ! » ordonne le président.

Les portes sont ouvertes, un visiteur du Palais de justice se hasarde sur le seuil. Mais à peine a-t-il fait un pas qu'une autre injonction retentit :

— « Fermez les portes ! »

L'arrêt est rendu, le visiteur est repoussé, la porte se referme, et dix fois pendant l'audience, au grand étonnement des jurés, cette cérémonie se répète : la porte doit être rouverte dès qu'un incident du débat n'est pas « dangereux pour l'ordre et les mœurs ». Pourquoi ne pas comprendre dans la mesure du « huis-clos « tous les incidents relatifs à l'affaire ? *Puerility and subtility*, disait un Anglais témoin de ces choses[1].

Le chapitre du « formalisme en Cour d'assises » serait d'ailleurs inépuisable, et fournirait les exemples les plus surprenants. N'y a-t-il pas eu une « question des chapeaux », et quatre auteurs des plus graves, Faustin Hélie, Legraverend, Bourguignon et Cubain, n'ont-ils pas discuté la question de savoir « si les jurés peuvent se couvrir pendant la

1. Bonneville de Marsangy, *De l'amélioration de la justice criminelle*.

durée de l'audience ? » Le plus important de ces criminalistes « incline » vers l'affirmative !

Ceci sans doute n'appelle que le sourire. Mais l'ensemble du formalisme étroit dont notre procédure est toute imprégnée offre à nos yeux un grave danger. La plupart de ces minuties, de ces scrupuleuses solennités, semblent instituées en vue de protéger l'accusé ; à des yeux peu exercés elles constituent des garanties de la défense, et ce savant faisceau des « garanties apparentes » sert à masquer l'absence des garanties réelles et effectives. Aux symétries qui trompent l'œil, aux recherches de « sexte-essence », comme disait Rabelais, il faudra que les lois nouvelles substituent la procédure la plus simple, la moins embarrassée de délais et de formes irritantes, mieux assise en revanche sur quelques clairs principes d'équité.

V

Nos jurés, cependant, se lèvent pour prêter serment, et cette formalité-là n'est pas superflue ; elle est dans l'essence même de la loi, et on a pu dire que « c'est l'acte du serment qui constitue le juré en lui donnant son nom. » Cette cérémonie se passe, en général, rapidement et sans encombre ; cependant un incident surgit parfois et cause de grandes complications. Un juré, au lieu de prononcer la formule consacrée, reste obstinément muet. Interrogé, il expose « qu'il ne peut accepter la formule du serment parce qu'il ne croit pas en Dieu. » On pourrait faire un gros volume de tout ce qui a été dit ou écrit sur cet incident classique. Les journaux s'en emparent pour railler ou approuver le héros ; en attendant, on le condamne, et sa profession de foi lui coûte cinq cents francs d'amende.

Il est curieux de constater qu'en Angleterre, pays de religion d'État, officielle et puissante, le juré peut se refuser à prêter serment, soit parce qu'il est « quaker », « moravian » ou « séparatiste », soit parce qu'il « n'a pas de croyance religieuse ». On l'admet alors à faire une simple promesse dans les termes suivants : « Je déclare et affirme solennellement, sincèrement et en vérité, que je jugerai bien et fidèlement et prononcerai sincèrement entre notre souveraine la Reine et le prisonnier à la barre dont je suis spécialement chargé, et rendrai un juste verdict conformément aux preuves. » Et il omet les mots : « *So help me God*, Dieu me vienne en aide. »

Mieux vaut cette loyale promesse que le scandale

d'un serment marchandé, refusé ou prêté « pour la forme ! » Pourquoi cette mesure libérale, aussi conforme au principe de la liberté de conscience qu'au respect bien entendu de l'idée religieuse, n'est-elle pas encore adoptée chez nous ? Toujours par excès de formalisme, par un besoin tout extérieur et superficiel d'*alignement moral*.

Pourtant le serment est prêté, et dans sa formule un peu emphatique, le juré a fait sans y prendre garde une promesse bien téméraire : il s'est engagé par serment « à être attentif ». Dans tous pays où est établie la procédure par jurés, la loi, tour à tour impérative et suppliante, adresse fréquemment aux jurés l'injonction d'écouter. En France, les arrêts leur imposent « l'attention extérieure », et si l'un d'eux lit son journal à l'audience, l'affaire peut être renvoyée.

Il est clair que dans cette procédure, où tout est fondé sur « l'intime conviction » du juré, son attention est la pierre angulaire de l'édifice ; aider cette attention, la diriger, devrait être le but recherché par le législateur. Mais faire prêter serment à des hommes d'être attentifs, c'est une formule peu philosophique.

« Diriger volontairement son attention, dit Th. Ribot, est un travail impossible pour beaucoup de gens, aléatoire pour tous. » L'attention est un état artificiel qu'on n'arrive à soutenir qu'à force de travail et d'usage; c'est un art qu'il faut longuement étudier; et jurer d'être attentif est presque aussi étrange que de jurer de déployer sur l'heure les qualités d'un philosophe, d'un poète ou d'un musicien.

La plupart des jurés et la plupart des hommes ne peuvent disposer que d'une attention fort restreinte et précaire, Dans le monde, ils sont incapables de suivre jusqu'au bout un raisonnement un peu long et serré; ils dorment au sermon; et au théâtre même (où tant d'objets extérieurs soutiennent et vivifient l'attention), ils écoutent mal, suivant à peine la pensée de l'auteur, éveillés de temps en temps de leur torpeur, non par une idée plus belle ou plus juste, mais par le mot, souvent sans valeur, que le geste, l'accent de l'acteur ou toute autre circonstance fait pénétrer dans leur cerveau assoupi. Cependant ils n'ont pas conscience de la difficulté d'écouter; ils rient des plaisanteries classiques sur le « sommeil du juge », et ne savent pas qu'une des obligations les plus lourdes, les plus périlleuses qu'un homme puisse s'imposer, est celle qui consiste à se constituer un avis sur un sujet quelconque en écoutant la parole humaine.

« L'attention, dit encore M. Th. Ribot, est un état anormal... Si cet état fixe se prolonge outre mesure, il se produit une obnubilation de l'esprit toujours croissante, finalement une sorte de vide intellectuel, souvent accompagné de vertiges. » C'est l'habitude, l'entraînement qui augmente de façon presque indéfinie la puissance de l'attention ; aussi avons-nous remarqué que les magistrats les plus anciens et les plus âgés ont souvent l'attention la plus fraîche et la plus vive. L'habitude, l'entraînement, étant nuls chez le juré, il est clair qu'il ne disposera que d'une attention minime, et que son serment n'a pu signifier autre chose que le désir et la volonté d'être attentif. Ce désir est chez lui bien ardent et sincère. Dans les premiers moments de l'audience, l'attitude du juré révèle l'effort le plus consciencieux. Tout son être est tendu vers le spectacle qui se déroule devant lui. Mais comme on va fatiguer, égarer cette attention novice ! Il faudrait élaguer impitoyablement ce qui peut l'épuiser, la distraire, et il semble au contraire qu'une conspiration universelle va tendre à l'écarter du point où un effort commun devrait la concentrer.

Au début de l'audience du moins, cette attention a encore toute sa fraîcheur ; c'est à l'audition de l'acte d'accusation qu'elle s'applique d'abord.

VI

Donc, le greffier, d'une voix monotone, « déblaie »
l'interminable acte d'accusation. Cette lecture est
faite en général de façon si rapide et si indistincte
que quelques passages seulement parviendront aux
oreilles de nos jurés. Mais ils ne pourront manquer
de remarquer par ces lambeaux de phrase que la
composition littéraire qui, leur est lue est conçue
dans l'esprit d'un vif réquisitoire.

Est-ce là ce qu'ordonne la loi ?

L'acte d'accusation, d'après elle, est un écrit
« servant à désigner clairement le prévenu et à
exposer la nature du crime avec les circonstances
qui peuvent aggraver ou diminuer la peine ». Et les
commentateurs de cette prescription sont unanimes
à déclarer que : « L'acte d'accusation doit se réduire
à un résumé décoloré, mais exact et fidèle des actes
de l'instruction. »

Faustin Hélie ajoute que par suite de circonstances
historiques, l'acte d'accusation qui avait jadis une
grande importance, a perdu beaucoup de son utilité.
Tout conseille donc de réduire cet acte aux proportions les plus élémentaires, mais la pratique suit

une marche tout opposée : c'est un sommaire que la loi voulait, c'est un roman qu'on y a substitué.

Ainsi détourné de son but, ce document n'a plus, ni la clarté qui permettrait au jury de saisir le fait dans sa physionomie générale, ni l'allure strictement impartiale qui, au premier mot, rassurerait la conscience de ces juges soupçonneux. Ils se sentent troublés au contraire.

Comment ! c'est au combat oral, à la procédure publique, que vous les conviez, et le premier acte de cette procédure, avant que personne ait ouvert la bouche, est un long réquisitoire écrit qui dispose les faits au point de vue de l'accusation, et risque, avant que la défense ait été entendue, de produire une impression définitive ? Les jurés sentent obscurément le péril ; leur méfiance augmente ; et l'effet produit est certainement tout opposé à celui que pouvait attendre de sa composition un rédacteur passionné.

D'ailleurs (et c'est là un fait d'expérience sur lequel nous insisterons) tout ce qui est fait de partial et d'excessif en faveur de l'accusation tourne contre elle, dispose le jury aux acquittements imprévus[1].

---

1. Après le débat anglais, si libéral, si respectueux de l'accusé, le jury de Londres n'accorde que 13 p. 100 d'acquittements (1893) tandis que le nombre des acquittements devant le jury parisien s'élève parfois à 31 p. 100 (1890).

Pour l'acte d'accusation, une circonstance extérieure prévient généralement ses mauvais résultats : nous l'avons dit, il est lu de façon si indistincte qu'il faut le plus souvent renoncer à le suivre.

Dès lors pourquoi maintenir ces longs morceaux de prose qui, s'ils ne servent pas la justice, ne sont pas non plus très utiles aux lettres ? De quel vain travail surchargent-ils les parquets sollicités par tant de besognes pressantes ?

Qu'on veuille bien songer que lorsqu'un amant a tué sa maîtresse, par exemple, le récit de ce fait criminel, qui résulte d'abord des procès-verbaux, des constatations, de tous les témoignages, est repris, dans son ensemble et avec forme littéraire, une première fois par le juge d'instruction, une seconde fois par le substitut du procureur de la République dans son réquisitoire définitif, une troisième fois par le juge d'instruction dans son ordonnance, une quatrième fois par la Chambre des mises en accusation dans l'exposé qui précède son arrêt, une cinquième fois par le procureur général dans son acte d'accusation... C'est beaucoup !

En Angleterre, neuf fois sur dix, l'*indictment* est ainsi conçu : « Messieurs les jurés, le prisonnier à la barre est accusé d'avoir tué volontairement X...; il plaide qu'il n'est pas coupable. Maintenant il vous appartient de voir s'il est coupable ou non. »

Il est clair que, si nos documents judiciaires étaient rédigés dans un goût aussi sobre, il ne prendrait à aucun journal l'envie de les publier au prix d'une légère amende.

Pourquoi d'ailleurs n'irait-on pas jusqu'à supprimer la lecture inutile ou dangereuse de l'acte d'accusation ? C'est la solution que préconisait, il y a près d'un demi-siècle, un magistrat éminent dont le nom est déjà venu sous notre plume, M. Bonneville de Marsangy. « Cette suppression, disait-il, déchargerait les parquets des cours impériales de l'énorme travail qu'impose la rédaction des six mille actes d'accusation dressés chaque année. » On voit qu'à l'époque où écrivait M. Bonneville de Marsangy, les actes d'accusation n'étaient pas courts, et que les jurés avaient six mille affaires. Ils en ont moins de la moitié maintenant, mais les actes d'accusation sont encore plus longs, et par conséquent plus éloignés encore de la forme légale.

Il serait bien aisé de remplacer la lecture de ces actes par celle de l'*arrêt de renvoi*, qui est la source unique des questions posées au jury. Et cette suppression serait, semble-t-il, d'autant plus naturelle, qu'aussitôt après la lecture de l'acte, le procureur général a la parole *pour exposer le sujet de l'accusation ;* et il semble bien que cet exposé verbal fasse double emploi avec l'exposé écrit.

VII

Mais... il y a une objection considérable ! Cet exposé oral prescrit par la loi n'a plus lieu ; il est tombé en désuétude. L'article 315 qui le prescrit est en pleine vigueur, mais on y contrevient dans la pratique.

Précisons bien ces points : *d'après la loi*, voici l'ordre des procédures à l'audience. D'abord la lecture de l'arrêt de renvoi, et, si l'on veut, d'un acte d'accusation impartial et sommaire tenant en quelques lignes. Ensuite le président doit dire à l'accusé seulement ces mots : « Vous êtes accusé de tel crime ; vous allez entendre les charges qui seront produites contre vous. » *Aussitôt après* intervient la prescription de l'article 315 ; elle est ainsi conçue : « Le procureur général exposera le sujet de l'accusation ; il présentera ensuite la liste des témoins qui devront être entendus. » Alors, *et tout de suite*, sans que rien, semble-t-il, puisse intervenir entre l'exposé de l'accusation et le défilé des témoignages, commencera la preuve orale, le débat.

C'est la loi, cela ; c'est la constitution d'un débat libéral et logique, analogue au débat anglais dans ses grandes lignes : un accusé et un accusateur, qui, tout de suite aux prises, luttent dans cette arène ; et au-dessus, bien haut, rassurant le juré que peut-être ont troublé les passions de la lutte, l'arbitre incontesté, le magistrat, le juge. Voilà donc la loi ; quelle est la pratique ?

Nous avons vu tout ce début d'audience envahi par un réquisitoire qui a été composé sur les éléments d'une procédure mystérieuse. Maintenant, ce qui est autrement grave, l'accusateur va se taire au moment où la loi et la logique de son rôle lui commandent de parler, et une autre voix, celle du président, va s'élever à la place de la sienne. Ce président puisera toujours dans la procédure écrite les éléments de ses récits, de ses appréciations, de ses questions, et il donnera aux jurés ce spectacle troublant d'un accusateur, et le plus redoublable, surgissant contre toute attente à la place même du juge !

En effet, à cet instant, où, d'après la loi, le premier témoin devrait s'avancer à la barre, le président prend la parole, et si l'affaire est compliquée, si c'est une cause célèbre, il parlera longtemps, pendant une audience, deux audiences peut-être : c'est l'interrogatoire du président d'assises.

Nous verrons dans une autre partie de ces études ce qu'est cet interrogatoire, de quels malentendus et de quelles erreurs il est l'effet et la cause. Ici notons seulement à quel moment il se place et rappelons ce qu'en a dit un célèbre criminaliste [1] : « Après l'exposé préliminaire, le président est dans l'usage d'interroger l'accusé ; cet interrogatoire porte sur tous les faits de l'accusation. L'accusé est pressé de questions, il faut qu'il explique sa conduite, sa position, ses antécédents, qu'il fasse connaître son système de défense. Nous ferons à cet égard une seule observation : *c'est qu'aucune disposition de la loi ne prescrit ni n'autorise un tel interrogatoire ;* il ne semble même pas que le législateur l'ait prévu ; car l'article 315, immédiatement après avoir recommandé au ministère public d'exposer le sujet de l'accusation, prescrit l'interrogatoire des témoins. *Ainsi, dans l'esprit de la loi, l'accusé n'est soumis à aucun examen personnel.* » « Nous protestons, dit en terminant M. Faustin Hélie, contre la généralité d'un usage qui est devenu presque une règle. »

Mais, nous le répétons, nous n'avons pas le dessein d'insister ici sur ce sujet si important. Qu'il nous suffise d'avoir indiqué la succession des événements qui se déroulent aux yeux du jury, et d'avoir ainsi montré comment la procédure a pu dévier gravement de sa marche rationnelle, ainsi que des vues du législateur.

1. *Gazette des Tribunaux* des 4, 13, 17 janvier 1843.

Dans l'esprit de celui-ci, sans aucun doute, la seule partie constitutive du débat c'étaient les témoignages. Tous les actes qui les précèdent et qui chez nous envahissent des journées entières, créant des incidents, des polémiques, des scandales, sont en dehors de la loi, ajoutés à elle par de fâcheuses pratiques. Avant de songer à réformer nos Codes, condamnons donc de semblables pratiques, qui viennent exagérer si gravement leurs imperfections.

Pourquoi donner à la procédure avant les témoignages, une tournure agressive, accusatoire, passionnée ? Par de tels procédés un mal irréparable est consommé dès le début de l'audience : on a définitivement quitté le ton de la justice pour prendre celui de la passion. Déjà des colères sont allumées ; l'avocat irrité de tant d'attaques contre son client, s'est levé vivement, a discuté, réfuté des arguments. L'interrogatoire, dramatisant les circonstances du crime, a soulevé dans l'auditoire des mouvements d'horreur. Les réponses éperdues ou cyniques de l'accusé ont fait entrer dans les âmes la pitié ou l'indignation ; l'atmosphère est échauffée, les nerfs sont tendus. Dans les yeux des gens les plus doux, les plus équitables, brille la « colère légale », et chacun devient « foule ».

Et les jurés ? Les bras croisés et l'air grave, ils sont (je parle des plus vifs) dans le chaos des avis contra-

dictoires. Ils ne prennent pas de notes, et si l'un
d'eux en prend par hasard, ses réflexions trahissent,
dans une orthographe souvent fantaisiste, les préoccupations les plus extraordinairement étrangères au
sujet réel du procès. « L'homme connu », s'il est un
homme intelligent, fait des réflexions tristes. Plusieurs petits négociants ont renoncé à suivre depuis
l'acte d'accusation ; ils entrent dans le rêve, l'œil
demi-clos.

Cependant un juré, que la longue habitude fait
reconnaître à certains signes, a un avis très ferme
dès à présent. C'est un homme amer et obstiné,
d'esprit faux et systématique à la manière de Bou-
vard ou de Pécuchet ; il sait parler. Dans l'acte, dans
l'interrogatoire, quelque chose, je ne sais quoi, l'a
ému et fixé dans l'opinion définitive, dans le *oui* ou
le *non* désormais incrusté dans son cerveau. Saluons
ce juré, il est le maître du procès. La loi devait
au jury un guide, la pratique l'a mis dans la main
d'un meneur.

Vienne à présent le premier témoignage, mais à la
vérité il arrive un peu tard.

CHAPITRE III

Légion de témoins; témoins « par ouï-dire », violents, digressifs.
— La « critique du témoignage »; ses difficultés. — Physiologie de *l'incident d'assises*. — Ingérence du public; son
influence sur le verdict. — Le jury délibère; « l'homme
connu » se tait; il observe avec ironie; le meneur pérore.
— Questions mal posées; distinction *du fait* et *du droit*. —
On demande le Président; entrevue dangereuse; équivoques
et malentendus. — Scrutin secret; verdict hasardeux.

I

On le sait, toute affaire célèbre donne le spectacle
d'un défilé interminable de témoins.

Nous n'insisterons pas sur les périls et les avantages que peut offrir la preuve testimoniale; la
discussion sur ce point constitue un lieu commun
que Quintilien et Bentham, entre autres, ont suffi-

samment développé. Observons seulement qu'en matière civile, s'il s'agit d'une convention dont l'objet dépasse la valeur de cent cinquante francs, la preuve testimoniale n'est en général pas admise. En matière criminelle, c'est presque toujours aux témoignages qu'il faut recourir, les assassins n'ayant point l'habitude de passer acte de leurs méfaits par-devant notaire. La Cour d'assises a donc été constituée pour la preuve testimoniale, elle y règne et y régnera.

Mais comment cette preuve est-elle « administrée »; comment s'opère « l'extraction du témoignage » ?

Le système de notre Code est fort différent du système anglais ; le juge en Angleterre n'adresse presque jamais de questions aux témoins, et ceux-ci, à charge ou à décharge, sont successivement examinés par l'accusateur et par l'accusé. Chez nous, la « direction » de la preuve testimoniale appartient au président d'assises, mais, sur ce point encore, il y a une notable différence entre la pratique et la loi. D'après la loi, toute déposition doit être spontanée. On « entend » un témoin, on ne l'interroge pas ; quand le témoin s'est tu, après avoir fourni aux jurés en toute indépendance l'impression de son libre récit, des éclaircissements peuvent lui être demandés, d'abord par l'accusé, ensuite par les juges, les jurés, le procureur général et même par le président.

5.

Dans la pratique, il arrive trois fois sur quatre que la « déposition spontanée » se réduit à quelques mots, après lesquels le témoin est longuement interrogé par le président des assises. L'accusé, l'accusateur et les jurés ne sont admis qu'ensuite à poser des questions. Ces habitudes peuvent offrir certains avantages, mais leur inconvénient capital est de mêler le président à la lutte, de le conduire à des duels successifs avec l'accusé ou avec les témoins, de l'obliger à abandonner de plus en plus son rôle d'arbitre.

Il y a une autre différence essentielle entre le système anglais et le nôtre. A Londres, le témoin ne doit être entendu que sur les faits dont il a connaissance par lui-même et d'une manière immédiate ; le juge doit l'interrompre s'il dépose d'ouï-dire. En outre il ne peut être posé de questions « qu'autant qu'elles ont trait directement à l'affaire ». Sans doute on peut, par exception, déroger à ces principes, mais ils forment un ensemble de traditions et de pratiques que le juge anglais fait respecter.

Chez nous, les témoins « par ouï-dire » arrivent par légions, apportant à l'audience les rumeurs vaines et dangereuses, les racontars sans fondements qui peuvent impressionner.

Quand cette foule est à la barre, quelle vigueur il

faudrait pour la dominer ! Quelle prudence serait nécessaire pour ramener sans cesse le témoin aux faits de la cause, pour l'empêcher de se livrer à ses passions et à ses haines ! Si on le suit, au contraire, dans les dangereuses digressions auxquelles il sera entraîné, à quelles déviations du débat, à quelles scènes de violence et de scandale ne peut-on pas être amené ! Ce n'est plus l'accusé seul, ce sont ses enfants, sa femme, ses proches, les précepteurs, les domestiques, dont la vie privée va être mise au jour, dans un déchaînement de médisance ou de calomnie !

Sans doute il ne faudrait pas, en essayant de circonscrire le débat, entraver en quoi que se soit la liberté de la défense ; mais les abus du système actuel ont apparu si nettement que tout récemment, au Sénat, on a cherché à y porter remède. On s'est occupé d'un point spécial, sur lequel des affaires récentes avaient attiré l'attention : les dépositions des enfants de l'accusé.

Par un motif de haute convenance, la loi ne reçoit point ces témoignages ; par un détour de la pratique ils sont trop souvent accueillis. Le président reprend « à titre de renseignements et en vertu de son pouvoir discrétionnaire » les déclarations que la loi repousse. Le Sénat voulait, dans ce cas spécial, supprimer, ou au moins restreindre ce droit du président d'assises, que les criminalistes traitent d'exorbitant.

Cet effort a échoué; pourquoi? Parce que, dans bien des cas (qu'il n'est pas possible de prévoir ni de classer, le nombre des *espèces* étant illimité à la Cour d'assises) l'audition des enfants sera indispensable à la manifestation de la vérité.

Que faire alors?

« Je crois, disait [1] un honorable sénateur, que ce qui vaudrait le mieux serait que M. le garde des sceaux voulût bien rappeler aux présidents d'assises qu'on doit éviter autant que possible de faire comparaître les descendants vis-à-vis de leurs ascendants.» On a donc compris qu'en ce cas et en bien d'autres aucun texte de loi ne serait efficace, et que c'est sur l'esprit du président qu'il serait désirable d'agir. Mais des circulaires y suffiraient-elles? Ne faut-il pas une réforme d'ensemble pour ramener ce magistrat au rôle d'arbitre supérieur, étranger aux passions, dans lequel son autorité sera indiscutée? Nous reviendrons sur ce sujet dans une autre partie de cette étude.

Constatons que, dès aujourd'hui, la loi impose au président le devoir de « rejeter tout ce qui tendrait à prolonger les débats inutilement ». Et c'est là un texte bien sage! S'il n'est pas observé, si durant plusieurs heures, des témoignages passionnés, entraînant le débat dans des digressions lointaines, se

---

1. Séance du 18 novembre 1895.

succèdent devant le jury, il éprouve à les coordonner, à les classer, à en faire la critique, une difficulté presque insurmontable.

Même si ces dépositions étaient peu nombreuses, topiques, énergiquement ramenées au point central du procès, la difficulté serait grande encore (Bentham l'a très clairement démontré) de constituer dans l'esprit du juré la *permanence* du témoignage. Le témoignage qui n'a pas été écrit, dit Bentham, « devient à chaque moment plus sujet à s'altérer et à se perdre ; s'il a été à l'origine exact et complet, il cesse bientôt de l'être... et si un mot essentiel est oublié, ou douteux, ou en dispute, sur quoi la décision sera-t-elle fondée » ? C'est pour prévenir ce danger que le juge anglais prend des notes, et constitue ainsi la *permanence* des témoignages produits à l'audience.

Chez nous on peut affirmer que, dans toute affaire longue et compliquée, les jurés après quelques heures ne sont plus en état d'apercevoir l'ensemble des dépositions dans leurs points essentiels, et à plus forte raison de faire « la critique du témoignage ». Leur mémoire peu exercée se refuse au tour de force qu'on exige d'elle ; ils subissent passivement ces déclarations orales qui se superposent en couches successives, se pénétrant, se coagulant en une masse informe dans leurs cerveaux fatigués.

Aussi l'impression que produira sur eux telle ou telle déclaration résultera presque toujours de l'apparence extérieure, de *la plastique* du témoignage. Tel témoin par ouï-dire, qui en Angleterre n'eût pas été entendu, aura plus d'influence que tel autre qui a vu de ses yeux, si son allure est meilleure et son ton plus persuasif. Avocats et accusateurs le savent bien, et c'est en vue de cette impression extérieure a produire sur le juré que la liste des témoins est composée, maniée et remaniée avec art par le ministère public et la défense. On peut dire qu'il y aurait grand avantage, en toute « cause célèbre », à réduire cette liste de moitié.

En attendant, dans l'affaire qui nous occupe, les témoignages violents et passionnés, les confrontations émouvantes se sont succédé pendant de longues heures, provoquant les applaudissements ou les murmures. Dans cette atmosphère surchauffée, tout est favorable à l'éclosion d'un *incident*.

II

Qu'est-ce qu'un *incident* à la Cour d'assises ?
La définition en est difficile. C'est une circonstance

généralement puérile, qui, dans ce milieu spécial
devenu fiévreux et surexcité, prend tout à coup
d'immenses proportions, et peut, sans motif appré-
ciable, déterminer le verdict le plus inattendu. La
« physiologie de l'incident d'assises » pourrait tenter
un analyste ; mais comment parvenir à fixer cet
absurde et curieux phénomène? On « subit » l'incident
comme un choc électrique, on ne l'observe pas.
Les vieux routiers de la Cour d'assises, après avoir
énuméré toutes les difficultés, tous les périls de la
juridiction, disent enfin aux jeunes en secouant
la tête : « Et puis, il y a les incidents ! » Et les
acteurs du drame en ont peur et envie comme
d'un danger attirant, car l'incident, la soudaine
bourrasque, dont nul à cette audience ne saurait
prévoir la place ni le lieu, peut créer des triomphes
personnels, ou des chutes imprévues.

Il est bien entendu que nous ne parlons pas ici
des incidents officiels de l'audience, de ceux qui sont
prévus par la loi et décrits dans les traités d'instruction criminelle, tels que les rébellions de l'accusé,
les renvois de l'affaire à une autre session, les sus-
picions de faux témoignage... non, le vrai incident
n'a rien en soi de juridique. Il peut se rattacher aux
faits de la procédure ; mais cela est exceptionnel,
et il naît généralement de circonstances entièrement
étrangères à l'objet réel du procès.

L'incident qui va naître peut s'annoncer par quelques symptômes que saisissent les habitués du lieu. Il éclate, et soudain tout s'efface devant lui : la solution du procès va dépendre de l'incident et du fait ou du mot qu'il appelle. Il y a un mot à dire ou bien à taire, une démarche à prescrire ou à défendre. C'est le président, ou le ministère public, ou l'avocat que le hasard a mis sur la sellette. Que va-t-il se passer? On discute, on s'agite. Et les préoccupations extérieures à l'affaire, d'ambition, de succès ou de défaite personnelle, les intérêts de coterie et de parti d'envahir de plus en plus la scène.

Qui a fait naître l'incident? Les connaisseurs, les critiques se prononcent : c'est celui-ci par sa maladresse ; c'est celui-là par son habileté ; c'est un mot d'un témoin, c'est un article à sensation... et au milieu d'un tel tumulte, des passions et des colères, que devient la question précise de savoir si là-bas, dans telle circonstance, cet homme a tué ?

Les jurés cette fois ont quitté leur attitude calme et somnolente ; leurs langues se délient et leurs regards s'allument. On les voulait, par une sorte de complicité universelle, tirer hors de l'affaire. La chose est faite, et ils ont pour toujours perdu de vue l'objet du procès.

Prenons un exemple récent. Qu'attend cet auditoire enfiévré ? La réponse à un télégramme envoyé par un des témoins ; il s'agit de savoir à quelle inspiration, qu'on soupçonne et réprouve, le dénonciateur a pu obéir en révélant le crime à la justice. Voici la réponse ! Elle démontre que c'est bien ce personnage, dont la déposition hier a soulevé des huées, qui avait dicté la dénonciation ; c'est un coup de foudre, une émotion générale ! Les plaidoiries sont inutiles, l'acquittement est décidé !

Certes, il sera heureux, si la preuve du crime n'est pas faite, que le dénonciateur devienne de plus en plus haïssable, et que les jurés soient ainsi, par le fait d'un incident sans valeur, préparés à une bonne justice. Mais cela est de pure fortune ; ce qui reste, c'est que le procès reçoit sa solution de circonstances secondaires qui ne sauraient raisonnablement la commander. Ce n'est pas au dénonciateur, mais au fait dénoncé qu'il faut que l'on s'attache, et, si le fait n'est pas prouvé, s'il reste un doute raisonnable, il faut acquitter, vite et simplement, sans drame et sans spectacle.

Pour un seul incident qui secourt, par hasard, la justice, il y en a cent qui doivent l'égarer, car (c'est peut-être là sa définition véritable) la nature de l'incident est en général telle que l'importance qu'il acquiert au débat est en raison inverse de celle qu'il devrait obtenir. Plus le débat sera logique et bien réglé, plus l'incident y deviendra rare. Sa disparition démontrerait que la juridiction criminelle est au point de la perfection ; qu'elle a su se dégager des influences extérieures qui agissent aujourd'hui si dangereusement sur elle.

III

Un des agents les plus actifs de ces influences extérieures, c'est le public présent à l'audience, qui excite et entretient la fièvre générale par son attitude militante au cours du débat. Il ne faut pas s'étonner de cette attitude. Des débats si visiblement disposés « en vue du public » ne peuvent manquer de le passionner, et pour éviter les manifestations des indignations ou des enthousiasmes de la salle, des mesures de police ne suffiront jamais.

Tant que les acteurs du drame judiciaire travailleront (à leur propre insu et par suite de traditions dont ils ne sont pas les auteurs) à enflammer les passions, aucun d'eux n'aura l'autorité suffisante à les empêcher de se manifester. Elles se manifestent donc avec violence, parfois avec scandale, et qui connaît les jurés et a causé avec eux sait combien ce spectacle provoque en eux l'étonnement et le blâme.

Cependant, malgré eux, ils en subissent l'influence, et le sourd murmure approbateur ou réprobateur qui accompagne tel ou tel témoignage ne peut manquer de les impressionner. Quand la foule intervient et dicte la sentence, le juré s'indigne... et il obéit. On ne nous accusera pas d'exagération, car chacun connaît, même sans avoir suivi les audiences, le rôle joué par le public à la Cour d'assises. Ouvrons les journaux au hasard :

Voici une confrontation dramatique ; elle a « tenu toutes les espérances que les amateurs de scandale avaient pu mettre en elle... Ces deux hommes (l'accusé et un témoin) se sont déchirés à belles dents avec l'âpre volupté de s'enfoncer réciproquement leurs crocs dans la gorge ». Le public « marque les coups » ; à un moment l'accusé « bondit le poing levé ». Alors, « mouvements en sens divers », les uns « applaudissent l'accusé », les autres « le huent ». Cependant, un témoin antipathique se présente à la barre ; aussitôt « c'est une colère à peine dissimulée qui monte de la salle vers la brute qui se cache derrière son mouchoir » ; tout à l'heure « une rumeur de dégoût a parcouru l'auditoire », à présent « les dames se cachent en rougissant derrière l'éventail, le jury se tord, et l'audience est suspendue au milieu de rires homériques ».

Voilà donc ce qu'on tolère du public aux audiences actuelles. Aux audiences d'hier se montrait-on plus rigoureux? Je trouve la réponse dans un intéressant *Éloge de Lachaud:* « Dans l'affaire A... des applaudissements frénétiques éclatent et se continuent pendant plusieurs minutes accompagnés des cris : Bravo! bravo! et de trépignements de pieds ». (*Gazette des Tribunaux.*) Une autre fois « la foule franchit la barre ». Dans l'affaire T... « le défenseur est interrompu par une explosion de sentiments qui débordent de tous les cœurs; l'émotion se traduit sous toutes les formes; ce sont des cris, des sanglots, des gémissements, des larmes ». (*Gazette des Tribunaux.*)

Il est superflu de démontrer l'inconvenance et les dangers de cette attitude du public. On sait combien toute foule est versatile, et on voit fréquemment à une première audience le public attendre et réclamer une sévère condamnation, et le lendemain, après une journée émaillée d'*incidents*, accueillir avec transport l'acquittement. Cette ingérence de la foule, cette influence directe exercée par elle sur le verdict ne peut que pousser aux plus graves incohérences. Elle est souvent barbare pour l'accusé, et toujours hautement contraire à la dignité de la justice. Il faudra autre chose que d'énergiques circulaires et d'énergiques présidents pour amener un changement définitif dans cet état de choses; il faudra imposer à tous, par des réformes d'ensemble, un débat plus rationnel, plus calme, et peut-être, hélas! ennuyeux.

Cependant les dépositions sont finies et les jurés
ne sont pas au bout de leurs épreuves. Aux incidents
de toutes sortes, aux témoins, aux experts (sur le
rôle desquels il faudra revenir) va succéder le duel
oratoire. Le jury maintenant va se trouver face à
face avec son plus redoutable adversaire : l'éloquence.
Nous examinerons ailleurs le réquisitoire et les plaidoiries, qui forment des éléments distincts dans le
mécanisme de la Cour d'assises. Quand l'avocat s'est
tu, c'est le jury qui a la parole et sa tâche active
commence.

IV

Le débat est clos : les douze jurés ont quitté l'audience et les voilà, portes gardées, dans le refuge
silencieux où va s'élever la voix de leur conscience,
où leur « intime conviction » va dicter le verdict.
Quel est leur état d'âme? Celui d'un despote ignorant
et bien intentionné. Ils croient à leur « omnipotence », et ce trait, au dire des hommes qui connaissent le mieux le jury anglais, est un de ceux
qui distinguent profondément le juré français du

juré britannique[1]. Au-dessus de la loi, dans la région des fantaisies et du caprice, c'est là que les flatteurs ont transporté nos juges, c'est là qu'ils planent en possession paisible du pouvoir souverain et du droit qu'on leur a prêté de « faire grâce ».

En quel sens exercer leur pouvoir? Nous savons que dès leurs premiers pas au labyrinthe de l'audience le fil conducteur a glissé de leurs doigts, et qu'aucune Ariane n'est venue les remettre sur le bon chemin. Mais, de droite et de gauche, des voix passionnées, suppliantes ou vengeresses, leur ont crié dans l'obscurité des appels confus, entrecroisés, contradictoires. Ils ont eu des opinions troubles, mollement aperçues et vite délaissées : tel argument leur sembla digne de remarque; tel autre les a indignés : ce témoin a plu; quel dommage que sa déposition ait été contredite par la conclusion de l'expert! mais le « savant expert » lui-même n'est-il pas convaincu de stupidité par la lecture que l'avocat a faite de dix lignes choisies dans l'ouvrage d'un autre savant homme, le vrai savant, celui-là? Comment additionner ces impressions rivales et en extraire l'intime conviction? La loi offre un moyen: c'est le délibéré.

Qu'est-ce que délibérer? C'est d'abord s'asseoir

1. Mittermaier, *Traité de la procédure criminelle en Angleterre, en Écosse et en Amérique.* — Stephen, *Juryman's guide,* p. 135. *Styles,* p. 222.

autour d'une table. Les jurés sont assis, et à présent ils se regardent, ne sachant trop que dire, car le délibéré avec autrui implique un antérieur délibéré avec soi-même ; il suppose et ne fait que traduire les opérations de l'esprit auxquelles nos juges furent inhabiles.

Tous ceux qui savent de quelles difficultés s'environne l'acte complexe du « délibéré » dans une réunion d'hommes sages, instruits et expérimentés, savent ce que peut être la délibération du jury criminel après le débat dont on l'a rendu spectateur et victime. De deux choses l'une : ou le délibéré, absolument nul, consistera dans un bruit confus, le bruit de gens qui parlent à la fois, sans s'écouter l'un l'autre, et lancent au hasard des phrases sans valeur ; ou bien le « meneur » prendra la parole, sous l'œil bienveillant du chef du jury, et n'aura pas de peine à conquérir le verdict le moins raisonnable.

Mais, dira-t-on, il y a par hypothèse dans ce jury un homme intelligent « l'homme connu », celui auquel le débat inspirait des réflexions tristes ? Eh bien ! neuf fois sur dix, cet homme instruit et sensé fera en chambre du conseil tout justement ce qu'il a fait à l'audience : il ne fera rien, il ne dira rien. C'est une règle générale en France : il n'est pas *comme il faut* d'intervenir ; l'homme *comme il faut* s'attriste, même il déplore, il prend des notes psychologiques ; le

« meneur » est pour lui un sujet d'immense joie philosophique, il le voit, il le suit, il le pique dans sa mémoire d'homme de goût comme un étrange coléoptère, il analyse... mais il n'intervient pas.

Dieu sait pourtant s'il aurait sujet de remettre chaque chose à sa place, de planter hardiment au milieu de ce cénacle troublé le drapeau d'une raison droite et ferme ! Et les jurés, c'est ce qu'il faut nettement dire, iraient droit au drapeau s'ils le voyaient enfin. Ils accourraient vers la justice, car ils la veulent, ils l'aiment, ils la désirent ardemment ; et c'est parce que les jurés aiment la justice qu'il faudra garder le jury, mais en l'organisant.

En attendant, le « meneur » pérore et pousse au vote le troupeau. Troupeau d'autant plus affolé qu'il a le devoir de répondre à une question non seulement très ardue, mais encore très mal posée : insistons sur ce point.

V

En Angleterre, dit sir Richard Phillips [1], « les termes mêmes d'un verdict, en matière criminelle,

1. *Des pouvoirs et des obligations des jurys.*

indiquent les pleins pouvoirs du jury, et renferment un jugement *sur le fait et sur la loi* ». Le magistrat a donné des instructions sur le *point de droit*, et le juré, *juge du droit*, se conforme à ces instructions. Il pourrait cependant, lui aussi, faire acte de fantaisie et d'*omnipotence*, mais il se conforme aux instructions du juge parce qu'il a en lui une pleine et entière confiance. En revanche, ce juré anglais n'a point à s'occuper de la peine, et par conséquent (car ce système est au moins logique) il n'a pas à se prononcer sur la question des circonstances atténuantes. Enfin, comme nous l'avons dit, il n'a à résoudre qu'une seule question qui contient tous les faits de l'accusation.

Précisons à présent l'objet des délibérations de notre jury. Son chef a sous les yeux la « feuille des questions » et un paquet de pièces.

D'abord, que sont ces pièces ? Elles sont la « procédure écrite » qui, sous une forme dangereuse, revient ici après le débat. Qu'on remette aux jurés l'acte d'accusation, cela se comprend à merveille ; qu'on leur remette (et cela n'a point lieu en France) des notes impartiales photographiant le débat oral, cela se comprendrait aussi ; mais qu'on leur fournisse toutes les pièces du procès ou (ce qui serait plus grave encore), un choix de pièces assorties triées dans le dossier, à l'exception des déclarations écrites

6

des témoins, cela suffirait à démontrer l'incohérence d'une loi qui n'a pas su opter entre la preuve orale et la preuve écrite, entre le système anglais et le système de l'ordonnance de 1670. Mais passons sur ce point, car il est acquis en fait que les jurés ont d'ordinaire le bon sens de ne pas accroître leurs incertitudes en se livrant à l'étude des pièces.

Un autre soin les occupe ; celui de bien comprendre ce qui est écrit sur cette « feuille de questions ». Heureux si le fait à juger se décompose en deux ou trois points bien simples ! mais il s'agit de faux ou de vols qualifiés, la « feuille de questions » sera un gros cahier.

Pourtant, même dans ce cas, nos jurés actuels sont plus fortunés que leurs pères. Du temps du *Code des délits et des peines*, de cet ingénieux et compliqué mécanisme d'horlogerie judiciaire que Merlin avait composé, un curieux a compté « jusqu'à 26 000 questions posées au jury dans une seule affaire ». C'était à dégoûter du jury un peuple moins ardent à s'affranchir des obligations du concours civique que ne l'est le peuple français ! En 1808, le tribun Faure dit qu'il fallait « établir le juste milieu entre des questions trop divisées et une seule question indivisible ». De sorte qu'à présent le juré n'est guère exposé à 26 000 questions, ni à 2 600, mais assez souvent à 260.

Et le mal ne serait pas grand si l'on s'entendait une bonne fois sur l'étendue et les frontières « du point à juger » que ces questions soumettent au jury.

Mais d'abord (nous l'avons dit et il faut le redire, car c'est ce faux principe qui domine et dirige toute l'œuvre de la juridiction) la distinction du fait et du droit est une distinction impossible.

Qu'est-ce que la question de savoir si l'accusé « a commis le crime de faux » ? C'est une question de droit. A qui est soumise cette question de droit? Au jury. On voit donc bien que le juré est juge du droit, mais comme la loi ne veut pas qu'il en soit ainsi, malgré l'évidence, personne n'est chargé de donner au jury avec autorité les définitions et notions qui, neuf fois sur dix, lui seraient indispensables pour accomplir sa tâche en sachant ce qu'il fait.

Venons à la peine. Le juré, nous l'avons dit, « manque à son premier devoir » s'il y songe ; mais, d'autre part, le débat, la juridiction tout entière, sont organisés de telle sorte qu'il ne peut manquer d'y songer. Dans sa défiance du juré, le juge a voulu agir sur le verdict, et dans sa défiance du juge le juré veut agir sur la peine, de sorte que tout est confondu.

Devant cette tendance, aussi invincible qu'illégale, des jurés à penser aux conséquences de leur verdict, les mœurs avaient déjà installé à la Cour d'assises un régime bâtard de concessions réciproques, d'indiscrétions tolérées ou réprimées, quand la loi est venue officiellement se contredire elle-même et détruire dans un article (341) ce qu'elle avait édifié dans un autre (342), en les laissant subsister tous les deux.

En effet, depuis plus de soixante ans, les jurés français ont à déclarer, en toute matière criminelle, « s'il y a des circonstances atténuantes en faveur de l'accusé ». Quel effet peut avoir une telle déclaration? Le voici : elle oblige la Cour à abaisser la peine d'un degré et l'autorise à l'abaisser de deux degrés. Exemple : la peine prononcée par la loi contre cet accusé reconnu coupable est celle de la mort, mais il existe en sa faveur des circonstances atténuantes. La Cour, en ce cas, ne peut plus prononcer la peine de mort ; elle a la faculté de prononcer, soit la peine des travaux forcés à perpétuité, soit, si elle le veut bien, la peine des travaux forcés à temps.

Soumettre au jury la question des circonstances atténuantes, c'est donc bien lui soumettre la question de savoir s'il faut abaisser la peine ou non. Et comment décider s'il faut abaisser la peine sans connaître la peine, sans songer à la mesure dans laquelle elle sera abaissée? Et comment, enfin, les jurés, que la loi invite à prononcer sur toutes ces choses, ne seraient-ils pas stupéfaits que la loi leur fasse en même temps un devoir de n'y pas penser ?

Dans les faits, à l'audience, quel douloureux spectacle que celui qui est engendré par de telles contradictions ! Aujourd'hui, par suite de quelque circonstance, cet avocat a pu faire à la peine une allusion discrète sans être arrêté par le président ; demain, s'il y touche d'un mot, il sera rappelé à l'ordre ; après-demain, le président donnera l'exemple et dira, comme dans la cause célèbre qui, il y a dix-sept ans, sonna, dit-on, le glas du « résumé » : « Messieurs les jurés, la peine sera ce que vous voudrez. »

Et combien ce spectacle est plus pénible encore si, quittant les généralités, nous touchons en passant à quelques cas particuliers !

Cette fille a tué son enfant nouveau-né. Quelle peine a-t-elle encourue ? La peine est un peu dure ; ce n'est point celle du « meurtre », mais bien celle de « l'assassinat », c'est la peine de mort.

Or, il y a quelque temps que les mœurs ont sauvé du bourreau la mère misérable et coupable qui a commis le crime d'infanticide. Il y a toujours dans les affaires de cette sorte un complice plus ou moins inconnu, qu'aucune loi n'atteint encore, et dont l'impunité protège, par contraste, la malheureuse accusée.

Cependant, il faut une peine : Laquelle? Le jury peut-il répondre à cette question ; « L'accusée est-elle coupable d'avoir volontairement donné la mort à son enfant nouveau-né? » sans connaître les conséquences de son verdict? L'avocat a risqué le mot : « Si vous dites *oui*, c'est la mort! » Et ces jurés, émus et effrayés par leur tâche impossible, pensent, sans l'oser dire : « Il nous faudrait plus de lumière, il nous faudrait l'explication complète, ouverte de la loi. »

Et tout cela est tellement faux et bizarre que l'on en vient souvent, malgré la loi, à dire la loi à l'audience. Les jurés savent enfin que l'accusée, s'il y a des circonstances atténuantes, ne peut pas être condamnée à une peine inférieure au minimum des travaux forcés à temps. C'est trop encore ! Pourquoi la Cour, comme en Hollande, comme en Angleterre, n'est-elle pas libre de fixer la peine à son gré, sans autre limite qu'un maximum légal? Pourquoi, en tout cas, le législateur n'a-t-il pas modifié cette loi sur l'infanticide, inhumaine et inapplicable?

Les jurés n'ont cure de ces choses et ils se préparent à acquitter, quand leur esprit s'arrête sur une autre question qui, dans la même affaire, va leur être posée : « L'accusée a-t-elle *supprimé* l'enfant né vivant dont elle était accouchée? »

Qu'est-ce que cela veut dire, et quel est ce crime nouveau superposé à l'infanticide et distinct de lui? C'est un crime qui a eu pour effet de « supprimer l'état civil » de l'enfant ; c'est un crime prévu par un texte compliqué de distinctions et de définitions légales. Ce sont des questions *de droit* qu'il faut que les jurés résolvent, bien qu'ils ne les comprennent pas, et que chacun ait le devoir de ne pas les leur expliquer. Et l'avocat, dans cette confusion, aura beau jeu pour prétendre que la « suppression d'enfant » ne vient là que pour rassurer le jury, en permettant à la Cour d'appliquer la peine d'un an de prison !

Telle est, dans une affaire d'infanticide, la situation de ces jurés, *juges du fait*, auxquels la loi défend de *songer à la peine*.

Autre exemple : cette femme a tué son amant. Nous n'avons ici rien à dire du « crime passionnel » si ce n'est que dans ces sortes d'affaires, nul ne peut attendre raisonnablement du jury qu'il ne songe pas à la peine.

Ces exemples, on le devine, pourraient être multipliés, et il n'y a guère de cas où le juré, dans la situation fausse et équivoque où on le place, ne soit pris d'embarras et de trouble et exposé à commettre de véritables bévues.

Mais revenons au délibéré. Dans l'affaire soumise

à nos jurés il ne s'agit ni d'un crime d'amour ni d'un infanticide, où le jury est vite conduit à l'acquittement. La cause est grave et douteuse, l'accusé nie, les jurés hésitent. Vainement le « meneur » qui a la gloire d'avoir fait ressortir quelque circonstance accessoire, prétend tout emporter avec son unique argument. Il n'a point encore « sa majorité ». Alors, dans l'embarras général, une voix s'élève : « Si nous faisions prier M. le président de venir au milieu de nous ? » Et bientôt, en effet, le président est annoncé, il prend place auprès du tapis vert.

VI

Ainsi, ces deux sortes de juges que tout a séparés jusqu'à l'heure où nous sommes, se trouvent réunis pour la première fois. Ce sont d'honnêtes gens qui cherchent la justice, mais qui n'ont pas le droit de la chercher ensemble : alors... pourquoi se réunissent-ils ?

Que peuvent-ils dire, que peuvent-ils faire qui ne soit contraire à la loi ? Au milieu du secret, si rigoureusement prescrit, et qui est l'essence même de ce délibéré, pourquoi le président est-il donc appelé? Le président est le droit, la loi, la science, la peine. Le juré est le fait, l'intime conviction.

C'est un mur que le code a péniblement édifié entre ces êtres. Tout cela ne serait donc qu'un leurre, un château de cartes sur lequel on souffle au dernier instant? A l'audience, où leurs yeux et leurs consciences se cherchaient et s'appelaient en vain, ce président et ce juré n'ont pu s'expliquer, se compléter, se rejoindre, parce que la loi le défend. Comment ici, dans le mystère, en l'absence de l'accusé et de l'accusateur, pourraient-ils faire sans contrôle ce qu'ils n'ont pu faire en public?

Il faut que dans le Code un texte bien formel, — et bien étrange, — consacre cette anomalie.

Or, ce texte n'existe pas. Un tel conciliabule n'est point prescrit ni prévu par la loi; il ne constitue qu'une dangereuse pratique. « Une communication particulière et secrète du président avec les jurés, dit un criminaliste [1], ne semble-t-elle pas menacer l'indépendance de ceux-ci? N'est-il pas difficile d'admettre que ce magistrat puisse leur donner des renseignements qui ne soient pas contredits, leur affirmer des faits qui ne soient pas discutés? Ne pourrait-il pas émettre ainsi une opinion qui influen-

1. Faustin Hélie, *Traité de l'instruction criminelle*, tome IX, page 177.

cerait l'opinion du jury? Et quand il maintiendrait ses explications dans les termes d'une stricte impartialité, ne suffit-il pas que l'accusé puisse suspecter une telle communication et s'inquiéter de l'indépendance de ses juges pour qu'elle doive être interdite? » Qui pourrait nier la justesse de ces remarques?

Nous n'avons pas dissimulé qu'à notre sentiment le Code d'instruction criminelle a mal réglé les rapports du jury avec la Cour, du magistrat populaire avec le magistrat de profession, et nous croyons qu'il y a dans cet ordre d'idées des réformes à tenter, des formules nouvelles à trouver ; mais, en attendant, restons dans la loi ; telle qu'elle est, elle vaut encore mieux que beaucoup de pratiques qui tendent à se substituer à elle, et qui, toujours dirigées par les intentions les plus pures, se retournent néanmoins contre ceux qui en font usage.

Tout est faux et contraint dans l'entrevue du président avec le jury. Voilà des hommes irréprochables qui se comprendraient vite s'ils pouvaient parler à cœur ouvert ; ces jurés sentent parfois leurs méfiances se transformer en un courant de sympathie qui les entraîne vers un président humain et loyal ; qu'importe ? l'entente ici est impossible. On est réduit aux demi-mots, à l'expression de certaines tendances, et, finalement, les malentendus se produisent; on s'est mal compris, on n'a pu tout dire, et, sur quelque incident, il arrive que l'opinion publique déchaînée fait porter à un homme tout le poids d'une tradition aussi périlleuse qu'étrangère au vœu de la loi.

Enfin, le président a quitté les jurés, et aussitôt après son départ, le « meneur » a repris la parole. La minute lui est propice; il a maintenant « sa majorité ». Les opinions sont faites et on procède au vote.

Depuis soixante ans, ce vote a lieu au scrutin secret; nous sommes de ceux qui le regrettent. C'est par-dessus tout dans les choses de justice qu'il faudrait que chacun eût, avec sa pleine indépendance, l'entière et publique responsabilité de chacun de ses actes.

En Angleterre, il faut, nous le savons, que les jurés se mettent d'accord. Cette obligation de constituer l'unanimité a ses inconvénients, et soulève, même chez nos voisins, les plus sérieuses controverses. Elle a, en tout cas, l'avantage de donner aux décisions du jury une autorité imposante et de faire obstacle aux fâcheux commentaires qui peuvent suivre nos verdicts rendus à la simple majorité. Sans prendre parti sur cette question complexe, souhaitons du moins que nos jurés votent à voix haute. Ils ne méritent pas, à notre avis, l'accusation de *peur* qu'on leur a souvent jetée à la légère ; mais si, en quelque circonstance, devant des menaces directes, ils ont eu une défaillance, ce vote secret en a été certainement complice. En face d'un danger, tout juré français eût rougi de déclarer sa faiblesse, et, par un louable amour-propre, eût pris le parti du courage.

Enfin, notre jury a épuisé sa tâche, le verdict est rendu. Si ce verdict est sage, rendons-en grâce aux dieux, car les hommes n'ont peut-être pas fait tout ce qui dépendait d'eux pour aider à ce résultat.

Comment ont concouru à cette décision, bonne ou mauvaise, et à l'arrêt qui va la suivre, la Cour, le président, le barreau et le ministère public ? C'est sur ces points que nous allons maintenant porter notre examen.

CHAPITRE IV

Le président; importance de son rôle. — Est-il indépendant ?
Son mode de nomination ; histoire et critique. — Capacité du
président d'assises ; il vient du « civil », il aspire à y retourner ; le droit criminel au Palais. — Interrogatoire du
président ; sa tournure agressive ; un *résumé* avant la lettre.
— Le silence du juge anglais ; *Old Bailey* et l'ancienne
Rome ; la basilique Julienne. Un magistrat libéral au XVIe
siècle ; Pierre Ayrault. — Une « habitude historique » : les
assesseurs ; leur suppression.

L'audience est suspendue : des groupes animés se
forment dans la salle, qui s'emplit d'un bourdonne-
ment de ruche. Le public raisonne, discute ; il loue
ou blâme les témoins, l'accusé, le président. Que le
lecteur se glisse avec nous au milieu de ces groupes.
Les propos volent, légers, impertinents, instructifs ou
blâmables : écoutons-les. Voici qu'un étranger, désireux de s'instruire, chambre dans ce coin sombre
un jeune stagiaire :

— Qui est le président?

— C'est un conseiller à la Cour d'appel; le Parquet l'a choisi pour présider quelques sessions d'assises. Je le connais bien, mais son nom m'échappe en ce moment.

— Comment! c'est le Parquet qui nomme les présidents d'assises?

— S'il ne les nomme pas, du moins il les indique.

— Ainsi l'accusateur, qui est partie au procès, peut désigner lui-même son juge!

— C'est étrange peut-être, mais cela est ainsi.

— Vous dites qu'on choisit les présidents d'assises parmi les conseillers. C'est sans doute un corps de magistrats profondément versés dans l'étude du droit criminel?

— Le droit criminel! Les conseillers s'en occupent peu!

— Que font-ils donc?

— Du « civil » : ils sont presque tous occupés à juger des affaires civiles.

— Comment cela?

— C'est parmi les soixante-deux conseillers de la Cour d'appel de Paris qu'on choisit le président des assises de la Seine; or plus de cinquante d'entre eux font le service des Chambres civiles, et les autres espèrent parvenir à en faire autant. Cela se comprend d'ailleurs! tous au Palais, du petit au grand, nous n'attachons d'intérêt qu'au « civil » et nous professons quelque dédain pour le droit pénal, ce droit rudimentaire qui...

— Ainsi, c'est du « civil », comme vous dites, que sort le président de cette cour d'assises? Enfin, il doit s'instruire par la pratique, et devenir ici peu à peu un éminent criminaliste.

— Il n'en a guère le temps ! Après quelques sessions, quand l'expérience arrive, le président s'en va.

— Où donc?

— Mais au « civil ». Et plus il est brillant, plus il y revient vite. Qu'un conseiller se fasse remarquer dans le poste de président d'assises, qu'il y soit éclatant, vite l'on fait de lui un des présidents de la Cour. Parvenu à ces sommets, il est délivré à tout jamais de la procédure pénale.

— Ce n'est donc pas un poste envié que celui de président des assises de la Seine ?

— On désire parfois le traverser pour monter plus haut, mais nul ne songe à y rester ; ce n'est qu'une étape, et elle est dangereuse.

— Mais hiérarchiquement, c'est un très haut poste ?

— C'est un poste de conseiller, inférieur à celui de l'avocat général que vous voyez siéger à cette audience.

— Comment ! l'avocat général...

— ... a un traitement supérieur à celui du président des assises, et il faudrait qu'il eût bien de la malchance dans sa carrière pour être « assis » sur un siège de conseiller, et par conséquent pour pouvoir présider.

— Ainsi, cette fonction de président de la première cour criminelle de France n'est jamais une fin de carrière? Ce magistrat n'est là qu'en passant; et, comme vous le disiez tout à l'heure, il espère obtenir encore de l'avancement?

— Sans doute.

— Et qui peut le porter à de nouveaux honneurs?

— L'opinion du Parquet n'y sera pas indifférente.

— L'opinion du Parquet? Ainsi l'accusateur, après avoir choisi le juge, peut encore servir sa carrière ou lui faire obstacle! Comment le juge, alors, ne pencherait-il pas du côté de l'accusation?

— Il peut, en effet, en être tenté.

— Eh bien! voilà une organisation qui du moins ne pèche pas par excès d'indulgence? Enfin! elle assure sans doute une très ferme répression; cela a bien son bon côté.

— Vous n'y êtes pas! le jury acquitte sans cesse et la récidive ne fait que croître.

— Quoi! cet énorme pouvoir accordé à l'accusation ne fait que... Comment explique-t-on une pareille anomalie?

— C'est une question bien complexe ! Nos jurés ont sans doute l'esprit de contradiction... Mais silence, voici la Cour.

— Un mot encore : si j'en crois le tableau que vous m'avez tracé, notre président n'est pas un fort bon juge?

— Lui? C'est un digne magistrat, intelligent, consciencieux et fort indépendant.

— Vraiment? C'est donc un homme de grand mérite. Je sais qu'en tous pays, Dieu merci, on trouve de braves gens qui rendent supportables les institutions médiocres !

— Cela se rencontre heureusement chez nous... Mais l'audience est reprise.

Dans ce dialogue saisi au vol, voilà bien des questions effleurées d'une touche indiscrète ou légère ! Voilà bien des affirmations qu'il importe pour nous de vérifier. Est-il vrai que le mode de nomination de notre juge criminel, que sa carrière antérieure le préparent mal à sa tâche redoutable, lui rendent difficile l'absolue impartialité? Dans son cadre restreint en apparence, cette question se lie à tous les problèmes de l'organisation judiciaire, et nous touchons, en parvenant à elle, au point central de cette étude. Des bancs du jury, où le lecteur a bien voulu nous suivre, nous avons déjà noté en passant quelques traits de la physionomie du juge; aujourd'hui, approchant de la haute estrade où ce personnage est assis, nous allons l'étudier plus complètement, scruter son origine, définir sa fonction. D'où vient-il ? quel est-il ? et que devrait-il être ?

I

De tous temps, l'importance de la fonction du président a été reconnue. Les législateurs peuvent construire le Code des assises ; lui chaque jour en façonne les mœurs. De son action personnelle permanente, dépend le succès ou l'inutilité de toute réforme. Nous n'hésitons pas à penser que, si l'institution du jury n'a pas porté jusqu'à ce jour les fruits qu'on en pouvait attendre, cela tient pour beaucoup à notre conception fausse et insuffisamment élevée de la fonction du président. Nous l'avons démontré, on marche en ce pays à la suppression du jury criminel, à son abrogation par désuétude ; si cette institution doit vivre ou revivre, c'est à condition qu'on rende à son rôle normal le président, moteur principal de cette machine judiciaire.

Quel est ce rôle normal ? Quelle est la qualité

qui, avant toute autre, est visiblement essentielle à ce président d'assises?

Nous dirons ailleurs qu'il faudrait, suivant nos idées, que ce magistrat fût, par sa situation et sa valeur, par sa connaissance du droit pénal et des sciences qui vont de plus en plus s'y rattacher, un des hommes considérables du pays; mais ce rêve fût-il demain réalisé, rien ne serait fait encore si le président de la Cour d'assises ne possédait ce qui constitue son essence même : la liberté totale, l'indépendance absolue.

Or, prenons-y bien garde, cette qualité vitale n'est pas seulement nécessaire à ce président de notre première Cour d'assises de France, qui est un des grands justiciers de ce monde; elle est l'âme du juge et du juge à tous les degrés. Si, dans une nation, la liberté du magistrat n'est point évidente, intégrale, cette nation peut bien avoir les agents les meilleurs, les meilleurs fonctionnaires, cette nation n'a point de juges.

Hume a pu dire « que les flottes de l'Angleterre, sa puissance, sa monarchie et ses deux Chambres n'avaient qu'un but : maintenir la liberté des quinze grands juges du banc du roi. » Dans sa forme emphatique, l'idée est belle et juste, et l'on peut affirmer que la liberté civile et politique n'est fondée chez un peuple que le jour où il veut, de volonté opiniâtre, ce qui garantit tout le reste : des magistrats indépendants.

Mais qu'est-ce donc qu'un juge libre? C'est un juge qui tient sa liberté, non pas seulement de son caractère et de sa vertu propre, mais de la loi, d'un ensemble de règles fixes qui organisent son recrutement et sa vie judiciaire de telle sorte qu'on ne puisse jamais le soupçonner d'être l'homme d'un parti, ou l'homme des ministres, ou l'homme du Parquet. Si cette conception primordiale de la fonction du juge se trouvait faussée, il n'y aurait point de réformes utiles. A tous les degrés, en effet, tant vaut le juge, tant vaut la juridiction, et le juge ne vaut que par sa liberté.

Qu'on songe, par exemple, à l'instruction préparatoire et aux mesures libérales par lesquelles on veut enfin l'améliorer[1]. On rendra l'information moins mystérieuse ou bien publique ; on communiquera les procédures à l'accusé et à son défenseur ; on aura (peut-être avant la fin du siècle !) des ex-

1. Ces lignes ont paru dans la *Revue des Deux Mondes* en 1895. Depuis cette époque le Parlement a fait quelque effort pour amender notre procédure pénale, mais cette heureuse tentative n'est pas encore couronnée de succès (novembre 1897). Le Sénat a voté récemment, sur la proposition de M. Constans et après une discussion très remarquable, une loi qui apporte de sérieuses améliorations aux règles de l'instruction préparatoire. Nous faisons des vœux pour que la Chambre s'approprie sans délai cette loi libérale qui fera honneur à la législature.

pertises contradictoires... et on n'aura rien fait si le juge demeure ou paraît demeurer dans la main de l'accusateur.

Qu'on place au contraire le juge aussi haut que possible, au-dessus des parties qui luttent dans l'enquête ; tout le reste sera aisé. Notre président d'assises devra donc avant tout être maintenu par la loi au-dessus de toute influence possible, au-dessus même du moindre soupçon de partialité.

Voyons si on a su lui créer cette situation supérieure, voyons comment depuis un siècle on a organisé sa fonction.

II

Et d'abord, qui le nomme?

En France, depuis la Révolution, on a essayé sur ce point de tous les systèmes, et en cette matière comme en bien d'autres, on s'est enfin fixé à la solution la moins libérale. Jetons en arrière un regard rapide.

Après la mort des Parlements, dès que la Constituante eût invité à des vacances éternelles les propriétaires d'offices, on organisa le jury, et on songea naturellement à lui donner pour guide un élu du peuple. Les électeurs du département furent donc chargés de désigner le président du Tribunal criminel. On sait à quels événements et à quelle anarchie allaient aboutir cet essai et ceux qui le suivirent. En 1804, quatre jours après la proclamation de l'Empire, Bonaparte, ouvrant au Conseil d'État la discussion sur le projet de Code de procédure pénale, pouvait s'écrier : « Il n'y a plus de justice criminelle en France. »

Il s'agissait d'en créer une. Et puisque, malgré les protestations de la Cour de Cassation et de douze Cours d'appel, malgré les défiances de Napoléon, on allait garder le jury, il fallait s'occuper de désigner les présidents de cette juridiction criminelle.

On fut d'accord au Conseil d'État pour déclarer qu'il était essentiel de relever et de fortifier une fonction si haute. Au juge qu'on allait créer, il fallait « plus de dignité, plus de crédit, plus de liberté, en un mot, une constitution plus robuste ». On voulait un magistrat égal à sa grande mission autant par sa capacité que par son indépendance.

Bonaparte adopta d'abord cette idée si juste ; sa vue droite apercevait du premier coup les solutions logiques, qui souvent se déformaient ensuite, se pliaient au besoin de sa politique. Il comprit donc la formule vraie et salutaire : au sommet de grands juges, et peu de juges ; des hommes haut placés, n'ayant rien à espérer ni à craindre, et rendant la justice loin des compétitions publiques ou privées.

Il faudrait, dit-il un jour, investir les juges présidant les assises « d'un grand caractère national qui leur donne beaucoup de dignité ». Et il se ralliait à l'idée d'instituer des « préteurs » destinés à présider les assises dans toute la France, et choisis, soit parmi les membres de la Cour de cassation, soit parmi les conseillers d'État.

Treilhard, et avec lui des hommes éminents, voulaient à ce tournant de notre histoire judiciaire la constitution d'une telle magistrature ; mais un parti puissant, celui des Portalis et des Bigot-Préameneu, désirait au contraire un retour aux habitudes de l'ancien régime, aux compagnies nombreuses et oisives, distraites et aiguillonnées par les soins de l'avancement et par le goût des récompenses, devenant le centre de ces rassemblements d'officiers de justice, qui absorbaient une si grande part de la vie et de l'activité nationales.

Peu à peu, et notamment en ce qui touche la fonction et le choix du président des assises, Bonaparte passa du camp de Treilhard au camp de ses contradicteurs. On allait descendre, par de curieuses gradations, de la conception de quelques grands juges ayant un caractère national, à l'idée d'un président fonctionnaire, extrait de compagnies nombreuses, désigné par l'exécutif; et on allait arriver même à le désigner, non pas pour occuper son poste d'une façon permanente, mais bien pour y passer un trimestre, ou la durée d'une session, et peut-être en vue de telle affaire déjà prête et instruite, à lui personnellement réservée.

C'est entre 1804 et 1810 que l'on peut observer cette instructive évolution. Elle se fit en plusieurs étapes. Au début de l'Empire, on rêvait d'un « préteur » ; ensuite on parut s'arrêter à un système plus modeste, mais encore libéral, et qui consistait à faire nommer le président d'assises par la Cour d'appel. L'Empereur et ses conseillers voulaient à ce moment animer d'un souffle de vie et de liberté les compagnies nouvelles, leur laisser une assez grande initiative. Ces idées, sitôt abandonnées, ont encore leur reflet dans certains textes, qui subsistent dans nos codes, intacts et délaissés.

Mais, dès 1808, des intentions moins libérales succèdent à ces vues. Cambacérès déclare « qu'il serait nécessaire de régler le mode d'après lequel la Cour impériale nommera le président des assises ; qu'un scrutin secret serait peut-être une opération trop longue ; qu'au surplus, on peut renvoyer ce point à la loi organique ». On allait aviser à faire un fonctionnaire du juge criminel.

Lors de la discussion de la loi du 20 avril 1810

sur l'organisation judiciaire, on éleva des objections sans nombre contre le choix des présidents d'assises laissé à la disposition des Cours ; c'était, dit M. de Noailles, « livrer ce choix à l'intrigue ». Combien il serait plus sage de le remettre au premier président ! Cela fut convenu, mais on fit observer que le premier président pourrait bien faire aussi des désignations dangereuses, et pour y remédier on décida qu'*extraordinairement* le ministre de la justice pourrait nommer les présidents d'assises. La formule du texte qui nous régit encore était enfin trouvée.

Il résulte de cette loi du 20 avril 1810, « que le droit de nomination appartient *ordinairement* au premier président et *extraordinairement* au ministre ». Mais il était certain que de zélés commentateurs auraient vite fait de retourner la proposition, et il fut bientôt admis sans conteste que le premier président ne nommait les présidents d'assises que comme suppléant le ministre de la justice. Cela revient à dire que le choix appartient au ministre, éclairé par ses procureurs généraux.

Ainsi, dans ce pays, s'achèvent et se concluent souvent par des mesures autoritaires les discussions les plus brillantes et les plus libérales. Et il est à la fois triste et intéressant d'observer avec quelle ardeur les gouvernements successifs, quel que soit le principe au nom duquel ils se sont substitués au précédent, observent fidèlement les mesures de cette sorte. Le gouvernement impérial, au témoignage de plusieurs contemporains dignes de foi, fit rarement usage du droit de nommer les présidents d'assises. La Restauration, au contraire, obéissant à cette funeste tendance qui, dans les temps troublés, pousse les gouvernements à s'emparer du pouvoir judiciaire comme d'une arme de guerre à leur usage, adopta pour règle constante ce qui jusque-là n'avait été qu'une faculté.

A la fin de ce régime, les premiers présidents n'étaient même plus consultés, et « le gouvernement montra dans ses choix une telle prédilection pour certaines opinions, que l'on put craindre que la politique et la justice ne vinssent à contracter une dangereuse alliance ».

L'alliance était faite et devait être durable. Vainement, à l'aurore de la monarchie de Juillet, le parti libéral fit-il un valeureux effort pour la dénouer. Un député, discutant le mode de nomination du président d'assises, s'écria : « C'est là une des mille preuves de la volonté du gouvernement impérial de tenir dans sa dépendance tous les pouvoirs de l'État. » Il y eut un long débat. « Si la Charte confère au roi le droit de nommer les juges, dit un orateur, elle ne lui donne pas celui de les désigner pour prononcer sur un fait consommé ou sur une cause particulière ;

autrement elle autoriserait la création de commissions judiciaires, contre lesquelles la nation a constamment protesté, parce que, du naufrage général de ses droits, elle a du moins sauvé cette règle tutélaire, cette maxime protectrice : que nul, en France, ne doit recevoir ses juges que de l'indication de la loi. » Rien n'y fit. Quand les gouvernements ont reçu de leurs prédécesseurs un legs si séduisant et si commode en apparence, ils ne s'en dessaisissent pas aisément.

Aussi le texte de 1810 resta en vigueur, et l'interprétation qu'il avait reçue sous le premier Empire fut consacrée par de nombreux monuments de jurisprudence. Quelques criminalistes protestèrent en vain, l'œuvre de l'Empire et de la Restauration subsista : la loi qu'ils avaient créée nous régit encore.

Nous savons donc par qui est désigné le président d'assises : le Parquet l'apprécie, le ministre le nomme. Voyons à présent dans quel corps il est choisi.

III

Soixante-douze magistrats peuvent être appelés à diriger le jury criminel de la Seine. C'est un nombre élevé qu se décompose ainsi : le premier président, les neuf présidents de la Cour d'appel, soixante-deux conseillers.

Le premier président a une situation personnelle et privilégiée par rapport à la présidence d'assises ; il peut, quand il lui plaît et de sa propre autorité, s'attribuer cette haute fonction. Mais il y a bien long-temps, du moins à notre connaissance, que le premier président s'est abstenu d'user de cette prérogative.

Viennent ensuite les présidents de Chambre. Ils se consacrent aux affaires civiles qui ont « le pas » sur toute affaire criminelle, en vertu d'un préjugé aussi antique que peu justifié. Ils ne président pas la Cour d'assises.

Restent les conseillers ; c'est parmi eux qu'on dé-signe le président.

Les circulaires recommandent de le choisir parmi les conseillers attachés aux Chambres civiles. Mais même quand ils sont momentanément attachés à un service criminel, les conseillers sont tous, ou presque tous, des « civilistes », c'est-à-dire des magistrats dont la besogne quotidienne, depuis de longues années, consiste à statuer sur des procès civils, à juger des affaires de testament, ou de divorce, ou d'hypothèque, à s'exercer avec finesse sur des ques-tions techniques, comme les incidents d'une « belle saisie ». Plus le conseiller choisi est distingué, plus il est, par sa carrière passée et présente, étranger au droit criminel ; plus il est, par sa carrière future, destiné à franchir promptement, comme une étape quasi pénitentiaire, la présidence de la première Cour criminelle de son pays.

Ceci ne saurait être nié. On peut parvenir au poste de conseiller à Paris par différentes voies ; certains de ces magistrats auront été quelque temps juges d'instruction, d'autres auront pu diriger un Parquet (ce sont là des hypothèses favorables au point de vue de leur connaissance de la procédure pénale), mais même s'ils ont traversé ces situations, ils n'auront pu songer à y approfondir les problèmes du droit criminel ; ils auront sans cesse aspiré aux services civils, où un magistrat fait ses preuves, prépare son avancement. Pour les substituts à la Seine, les services correctionnels sont en général la corvée imposée aux derniers venus : on leur préfère les services civils, même aux audiences qu'on dit « muettes » parce que les affaires y sont tellement minimes que le magistrat du ministère public n'y peut vraiment rien dire, et ne figure là que pour obéir à d'anciennes exigences de symétrie légale. Le rêve est la première Chambre civile, où les grands avocats plaident les grands procès.

A la Cour d'appel il en est de même ; le substitut, l'avocat général traverse avec impatience la Chambre des appels de police correctionnelle et l'inévitable année d'assises : il parvient rapidement et avec joie aux Chambres civiles ; là il assiste à des procès souvent minimes ; mais la dignité du genre ne souffre pas de l'exiguïté des causes. Et ce sentiment de la « dignité du genre » est poussé si loin que, dans le civil même on distingue des degrés : il n'est pas très noble, par exemple, d'avoir à siéger dans une Chambre de « divorces » ou « d'accidents » où les questions confinent à la matière des délits ; mais on sera heureux d'avoir à s'exercer indéfiniment sur des problèmes de procédure, sur des incidents compliqués, dont la discussion prête aux raffinements de la logique la plus subtile.

Cette opinion des gens de loi sur la prééminence du civil peut revendiquer un partisan illustre. Napoléon, en effet, disait au Conseil d'État : « Il est naturel que les juges criminels soient moins considérés que les juges civils : la science du droit civil, supposant des connaissances très étendues, concilie plus d'estime à ceux qui la possèdent que la science très restreinte du droit criminel. Les fonctions de juge civil imposent aussi davantage aux avocats ; car, comme ce sont les causes civiles qui font leur fortune, il est certain qu'ils auront toujours plus de ménagement et de respect pour les tribunaux qui jugent ces sortes d'affaires. »

La « science très restreinte du droit criminel ! »
Une telle phrase a pu être prononcée en 1808, même
par un puissant esprit, et elle ne correspond que trop
à l'état de la science pénale au commencement du
siècle, tel qu'il est révélé par le Code qui nous régit
encore ; mais, si toutes les recherches philosophiques
et scientifiques de ce siècle ne sont pas une vaine
fumée, les bornes du droit criminel ont aujourd'hui
étrangement reculé. Des questions que Bonaparte
ne soupçonnait pas s'y sont dressées, et il semble
que des magistrats éminents pourraient utilement
employer leur vie à étudier les problèmes moraux et
sociaux que cette science soulève.

Mais nous sommes restés si étrangement station-
naires en ce siècle au point de vue des institutions
judiciaires, que l'opinion exprimée par Napoléon
règle encore les habitudes des gens de loi d'aujour-
d'hui. On dédaigne les problèmes du droit pénal,
et ce ne sont point des criminalistes, mais des civilistes qui président notre Cour d'assises.

IV

Sont-ils aptes à remplir cette tâche ?
Si l'on en croit Garofalo, les juges civils sont

moins aptes que tous autres fonctionnaires du gouvernement au travail du juge criminel :

« Accoutumés par le genre de leurs études à faire abstraction de l'homme, ils ne s'occupent que des formules. Car le droit est complètement indifférent à tout ce qui regarde le physique et le moral des individus; la bonté ou la méchanceté d'un créancier ne saurait avoir la moindre influence sur la validité de sa créance. Ce caractère strictement juridique est très éloigné de la science pénale, qui a pour but de lutter contre une infirmité sociale, le délit. Les points de contact sont rares entre les deux branches, qui sont pour nous deux sciences tout à fait différentes. Pourquoi donc se servirait-on des mêmes fonctionnaires dans deux services publics essentiellement étrangers l'un à l'autre? Le membre d'un tribunal civil, appelé à juger en matière pénale, garde toutes ses habitudes; ce n'est pas l'individu qui attire son attention; c'est la définition légale du fait qui le préoccupe... L'opération qu'il exécute pour infliger la peine est presque mécanique. C'est de l'arithmétique qu'il se sert. Il dénombre les circonstances, les additionne ou les soustrait les unes des autres, et applique au résultat le tarif qu'il trouve tout prêt... Enfin, le juge oublie facilement que la peine qu'il infligera doit, avant tout, servir à quelque chose; qu'on atteint l'utilité par des moyens divers selon les individus et que, partant, c'est précisément l'examen des individus qui doit déterminer l'espèce. et la mesure de la peine. »

Mais on ne songe guère à ces raffinements, et à la façon dont on juge les affaires correctionnelles, c'est-à-dire les neuf dixièmes des affaires criminelles, on voit bien que notre justice en est restée aux vues de Napoléon. « Allez à l'audience correctionnelle, dit M. Tarde, ni l'avocat, ni le juge ne remarque les graves problèmes posés par ces malheureux et ne croit utile d'interroger à fond leur passé, de consulter à leur sujet parfois un bon médecin légiste, un vieux gardien de prison, de faire une enquête. » Cela demanderait « trop de temps et de frais ».

S'il « s'agissait d'une haie ou d'un chemin sans valeur que deux plaideurs se disputent, on ordonnerait un transport sur les lieux, un plan des lieux colorié serait dressé par un géomètre, rien ne serait trop coûteux... Mais il ne s'agit que des plus noires obscurités de l'âme à éclaircir... Pourtant un siècle qui se dit savant se doit à lui-même, ce me semble, de juger savamment des délits dont il est si prodigue ».

Le magistrat civil ne sera donc pas apte à les juger *savamment*. Mais, dira-on sans doute, n'y a-t-il pas imprudence à tenter d'introduire dans le Droit, dans la pratique, des éléments de science bien nouveaux et bien incertains? Garofalo, dont nous citions l'opinion tout à l'heure, n'est-il pas un des maîtres de cette présomptueuse école italienne, l'école d'anthropologie criminelle, dont les affirmations téméraires ont effrayé tous les esprits sérieu?

Nous sommes loin, à coup sûr, de nous ranger au nombre des adeptes de l'école italienne. Elle a eu le tort très grave d'annoncer comme acquises des découvertes à peine entrevues ou rêvées, de tenter de construire un Institut Pasteur avant d'avoir trouvé le remède à la rage. Cependant nous croyons qu'après avoir trop attendu d'elle, on la dédaigne trop aujourd'hui; il faut lui reconnaître l'honneur d'avoir pressenti, par delà le droit pénal classique, vraiment trop rudimentaire, un horizon plus étendu, une science nouvelle à fonder sur des bases plus larges que celles qui soutiennent le Code de 1810.

Quelles que soient d'ailleurs les opinions sur cette école controversée, il faut reconnaître que l'idée de constituer deux magistratures distinctes ne lui est nullement spéciale.

Après la Révolution, cette séparation était consommée; il y avait une magistrature criminelle et une magistrature civile, et la question de savoir si on les réunirait donna lieu, au conseil d'État de l'Empire, aux discussions les plus passionnées.

Chose remarquable à observer! Partisans et adversaires de la mesure discutée étaient d'accord sur un point : ils reconnaissaient que tôt ou tard le jury viendrait à disparaître si les deux magistratures étaient confondues. — « On est unanime, disait Treilhard, sur l'impossibilité de conserver le jury, si la justice criminelle et la justice civile sont réunies. » Les uns disaient que les jurés souffriraient trop du contraste qu'ils étaient appelés à faire avec des juges instruits et expérimentés; les clairvoyants montraient qu'une magistrature reconstituée en compagnies nombreuses tendrait invinciblement à l'élimination du jury.

Il ne semble pas que cette éventualité et cette prédiction effrayassent beaucoup l'Empereur, car il finit par se prononcer pour la réunion des deux justices. Fidèle à son idée de la suprématie du civil sur le criminel, il voulut cette réunion, dit-il, « pour former de grands corps, forts de la considération que donne la science civile ».

On peut trouver fâcheux les effets que cette réunion a produits. Si depuis cent ans un corps de magistrats attentifs, expérimentés, avait consacré tous ses instants à l'étude des problèmes du droit criminel, peut-être cette science aurait-elle marché avec le siècle. On n'aurait pas résolu les questions insolubles, mais on aurait trouvé des solutions d'une meilleure justice relative, et le droit criminel ne serait pas ce qu'il est devenu : une branche presque abandonnée de notre science judiciaire.

Nous dirons dans la conclusion de cette étude quel progrès nous semble aujourd'hui réalisable sur ce point. Ici, après avoir établi l'origine de notre Président d'assises, examinons-le dans sa fonction.

V

L'acte le plus caractéristique de la fonction du président, telle qu'elle est actuellement comprise, c'est à coup sûr l'interrogatoire. Nous avons déjà dit que cet examen de l'accusé par le président, qui ne semble point prévu par la loi, prend des dimensions et des allures qui ne nous paraissent pas d'accord avec la dignité de la fonction du juge. Nous avons opposé à ce sujet, aux allures militantes de notre président d'assises, la réserve stricte observée par le juge britannique, et nous n'avons point échappé sans doute aux accusations d'anglomanie. *Les Anglais* eux-mêmes, a-t-on pu dire, et parmi eux Stephen, un de leurs grands juristes, ont souvent protesté contre la morne attitude de leur juge soliveau, lié dans le silence, empêché de poser aucune question à l'accusé, sorte de Bouddha bâillonné.

Nos voisins en effet ont pu pousser un peu loin l'application d'un principe salutaire; mais, entre un arbitre silencieux, poussant jusqu'au scrupule la recherche d'une impartialité absolue, et un président qui, pendant de longues heures, se fait, par un interrogatoire passionné, l'auxiliaire de l'accusation, nous n'hésiterons jamais à préférer le premier.

Ceux d'ailleurs qui sont sans enthousiasme pour un exemple venu d'Angleterre peuvent se rassurer. Ce principe si élevé de l'impartialité du juge, manifestée par une extrême réserve à l'audience, ne fut pas inventé dans le Royaume-Uni. Les Anglais l'ont, sans doute, compris et appliqué mieux qu'aucun autre peuple, mais c'est chez nos propres ancêtres, et en pays latin qu'il faut chercher son origine. Il avait, il y a vingt siècles, reçu du droit romain sa formule définitive.

Que le lecteur qui nous a suivi dans la salle *d'Old Bailey* veuille bien évoquer avec nous l'image d'un lieu plus célèbre, où il a peut-être promené ses pas. Qu'il revoie au pied du Capitole l'antique pavé *de marbre de la basilique Julienne. La trace des* piliers qui supportaient les voûtes de ce palais de

8

justice de l'ancienne Rome est encore visible. Sur les piédestaux vides et sur les fûts brisés, redressons la forêt des statues, la forêt des colonnes, et pénétrons avec la foule sous cet illustre toit où quatre tribunaux rendaient la justice romaine. — Voici une cour criminelle : j'aperçois des jurés, un accusateur et un accusé, au-dessus d'eux un juge. La procédure se déroule, telle dans ses moindres détails que je ne sais vraiment si je suis au Forum au bien à Londres encore. Pourtant cet avocat qui plaide, n'est-ce pas Cicéron? Ce magistrat, ce *judex quæstionum* qui est, fort exactement, un président d'assises, c'est peut-être Octave, le père d'Auguste. Va-t-il interroger, presser de questions l'accusé? Va-t-il descendre dans l'arène, prendre parti pour l'accusateur? Non, c'est aussi un témoin muet, comme le juge de la reine; il entend, il médite, il s'apprête à statuer, il est au-dessus de la lutte, il se borne à maintenir l'ordre, à assurer « l'exécution des lois et des usages ». Voilà en plein Forum, sous la pourpre romaine, le modèle de juge que les Anglais ont eu la force et la constance d'implanter dans leur île.

Quand nos aïeux immédiats, à nous Gaulois dont les éloquents ancêtres eurent tant de succès d'avocats dans la basilique Julienne, quand Mirabeau, Brissot, quand les futurs constituants, pris d'enthousiasme pour la magistrature et le jury anglais faisaient, vers 1780, le pèlerinage *d'Old Bailey*, c'était donc le voyage de Rome qu'ils effectuaient en traversant la Manche.

Mais, sans aller aussi loin, ils auraient pu trouver dans nos vieux auteurs français cette antique notion du juge que le droit romain avait consacrée, et qui semble, aujourd'hui encore, si difficile à fixer dans notre pays. Qu'on lise cette vaillante page que l'éloquent magistrat Ayrault écrivait au xvie siècle :

« Je dy que ce qu'il y avoit de plus beau en l'Instruction criminelle des Anciens, estoit que l'action d'interroger les Parties, despendoit d'eux mesmes ou de leurs Advocatz, non pas des Iuges. Que c'estoit l'accusateur qui interrogeoit l'accusé : et l'accusé l'accusateur. Des tesmoings à samblable. Si cela est véritable, c'est bien avoir changé de formalité, veu que la nostre est si contraire, que si autre que le juge avoit interrogé l'accusé, et s'il l'avoit faict en présence de la Partie : tout seroit perdu. Le povre Iuge auroit immédiatement un *venial !* Cependant interroger l'accusé, c'est plustost advocacer que juger ; car, l'interrogatoire, pour estre bon, se doibt faire captieusement et subtilement ; y venir tantost de droict fil, tantost en biaisant ; maintenant en cholère, maintenant doulcement : qui sont toutes questions d'adversaire, ou de sophiste, non de juge ou de magistrat. La ruse, en celuy-là, c'est prudence, c'est gentillesse. Mais au Iuge : que peut-elle estre, qu'animosité ou passion? Certes, selon que l'interrogatoire est urgent, ou mol, il attire à soy des responces qui nuysent ou qui profitent, qui referment la playe, ou qui l'entament... C'est pourquoy beaucoup d'anciens ont estimé que le Iuge ne devoit rien apporter de son cru, que l'attention, l'audience, et puis en fin son iugement. Et de faict la charge est assez onéreuse et subjecte à assez de hargnes, sans luy adiouster une function que les Parties mesmes peuvent mieux faire. Informer, interroger, ouyr, examiner, chercher la vérité en toutes sortes, par ruses, finesses, dextéritez ou autrement, sont choses qui gisent en faict, en sollicitation, argumentation et diligence : conséquemment propres aux parties. Mettez-vous le Iuge à ces opérations et actions?... c'est le faire descendre au barreau et en l'oyant quereller, disputer et contester avecque les accusez, l'exposer luy-mesme au babil, ou à la calumnie de tout le peuple... c'est tout ainsi que qui eust tiré le Sénateur Romain du lieu où il estoit séant au Théâtre, et l'eust posé avecque les comédiens sur l'eschaffaut. »

Le lieutenant criminel Ayrault n'était pas cependant un magistrat sentimental ou faible ; il était redouté autant que respecté, et on lui avait donné, dans sa ville d'Angers, le surnom de « Pierre qui ne rit pas. » Mais il avait du rôle du magistrat une conception très haute, qu'il n'avait sûrement pas puisée en Angleterre, et qui inspirait cette vigoureuse critique des errements de la magistrature de son temps.

Celle de notre temps mérite-t-elle les mêmes reproches ? Pour en juger, voyons notre président à l'œuvre.

VI

Ce juge est un homme consciencieux et laborieux. Il a, bien avant l'audience, lu, relu, et compulsé la procédure écrite ; il a pris des notes, il a fait le plan de son interrogatoire, peut-être même a-t-il poussé le zèle jusqu'à le composer en entier. A l'audience, il a ses notes sous les yeux, le dossier à portée de sa main. L'interrogatoire commence, et trop souvent le colloque va devenir un duel.

D'abord, les questions ont une forme nettement interrogative, mesurée, prudente. Le président évite de parler en son propre nom : « L'accusation, dit-il, vous reprochera... » Le futur est l'indice de la réserve, de l'impartialité, car, enfin, quand le président ouvre la bouche, l'accusation n'a encore rien dit, n'a produit aucun témoignage, mais elle dira, elle prouvera... et il faut tout de suite que l'accusé réponde, découvre sa pensée, qu'il développe son *système*.

Son système! J'ai dit le grand mot, le mot dédaigneux qui maintenant, si l'accusé s'échauffe, se rencontrera à tout bout de phrase sur les lèvres du président : « Oui, j'entends bien, votre système consiste à soutenir que... » ou bien : « Je vous en avertis, votre système semblera peut-être inacceptable à MM. les jurés. »

A ce moment, les formules changent, le ton s'échauffe et s'élève. A cette formule « l'accusation vous reprochera peut-être », le président a substitué cette autre plus brève : « L'accusation affirme, elle soutient et elle prouve... » Et bientôt, de l'accusation on n'a cure. Le président parle en son nom ; fiévreusement il compulse ses notes, — le dossier passe, do la petite table qui se trouve à portée de la main, sur son bureau même, — il prend les pièces aux endroits soulignés, il les regarde, il les invoque (oh ! sans les lire, bien entendu), et les jurés voient par bribes et fragments se dérouler devant leurs yeux, à un point de vue accusateur, les événements révélés par l'instruction écrite qu'ils ne doivent pas connaître.

— « Vous niez cela, accusé, mais une autopsie a prouvé le contraire. » Quelle autopsie? L'avocat proteste. Peu importe, la semence est jetée, elle germera dans l'esprit du jury. Aux questions pressantes et sévères succèdent les affirmations : « Vous avez dit, vous avez fait telles choses. » — « Mais, s'écrie l'avocat, M. le président ne fait allusion qu'aux dépositions défavorables à l'accusé ! »

Rien n'y fait désormais, l'interrogatoire conserve son allure. Lorsque l'accusé « peut s'asseoir », il paraît confondu ; son « système » est réduit en poussière, l'accusation est établie, la défense est réfutée, le verdict pourrait être rendu. Telle est au moins l'opinion du président lui-même qui, de la meilleure foi du monde, croit avoir rempli son devoir s'il a formé l'opinion du jury avant l'apparition du premier témoin.

Est-ce vraiment là son devoir, et s'il manquait à interroger l'accusé de cette manière « le pauvre juge aurait-il son *veniat?...*»

Cela était vrai sans doute au temps d'Ayrault, et après lui encore, sous le régime de l'Ordonnance de 1670. On sait qu'alors, jusqu'à la Révolution, tout reposait sur l'interrogatoire (quelque peu aggravé, nous en convenons, par la torture). Le but était d'arracher par tous les moyens l'aveu de son crime à l'accusé. La loi actuelle, du moins en ce qui touche à la procédure orale et publique, repose heureusement sur des principes tout différents.

Qu'on parcoure les travaux préparatoires, les discussions et les rapports qui ont précédé le Code de 1808, aussi bien que ce Code lui-même ; on n'y trouvera rien qui permette de croire que dans la pensée de l'Empereur, ou de ceux qui ont fait la loi avec lui, le président d'assises ait reçu la mission de se constituer au seuil de l'audience, par un interrogatoire prolongé, le précurseur et l'auxiliaire du ministère public.

Cependant, comme les vieilles habitudes inquisitoriales devaient survivre bien longtemps à l'abrogation de l'Ordonnance de Colbert, très vite, dès 1820, un certain interrogatoire du président d'assises s'installa à côté de la loi dans la pratique judiciaire. A cette époque des arrêts commencèrent à dire que le pouvoir discrétionnaire du président lui confère le droit d'interroger l'accusé au moment qui lui plaît et « dans la forme qu'il juge nécessaire à la manifestation de la vérité ».

Dès lors, si l'interrogatoire n'atteint pas encore les proportions qu'il a prises aujourd'hui, c'est que le président, jusqu'en 1881, possède, avec le *résumé*, l'occasion d'un suprême et dramatique réquisitoire.

Le résumé, morceau oratoire prononcé après la clôture des débats, met en œuvre toute la verve et tout le talent du président. La tendance nettement accusatoire est si visible dans ce résumé, qu'il fait naître des critiques de plus en plus acerbes et, semble-t-il, fort justifiées. La « suppression du résumé » devient bientôt un des articles du programme libéral.

Avec un singulier manque de clairvoyance on semble croire qu'il suffira de supprimer le résumé pour rendre le président à son véritable rôle. De ce magistrat lui-même, de son recrutement, de ses relations de dépendance ou de voisinage avec le ministère public, on n'a cure. On s'attaque à l'effet, au résultat sans songer le moins du monde à rechercher ses causes. Sus au résumé ! Sa déroute fera régner l'impartialité à la Cour d'assises !

Enfin le résumé est aboli en 1881. Dès le lendemain, l'interrogatoire sort de l'ombre, abandonne les proportions discrètes qu'il avait gardées jusquelà, et, tandis qu'avant 1881 le résumé se plaçait à la fin de l'audience, il change simplement de nom et de place, et s'installe au début de la procédure. La source qu'on empêche de jaillir à une place se crée vite une issue à quelques mètres de là. On possède à présent un résumé avant la lettre !

Ainsi, la mesure prise pour réprimer sous une de ses formes la tendance accusatoire du président n'a eu aucun bon résultat. L'origine et la nomination de ce magistrat, les habitudes et les traditions du milieu où il s'est développé, ses relations constantes et familières avec le ministère public, tout aboutit nécessairement à le rendre favorable à l'accusation. Et si demain, après quelque incident, on arrivait à supprimer expressément, après le résumé, l'interrogatoire même, le président parviendrait malgré tout à exprimer le réquisitoire qui est dans sa pensée à son insu, et peut-être malgré sa volonté. Si l'on veut remédier à cet état de choses, qu'on ne recoure plus aux lois de circonstance, aux mesures superficielles qui déplacent le mal sans arrêter son cours. C'est sur le juge qu'il faut agir, pour l'élever, pour l'affranchir, pour le fixer dans son rôle d'arbitre. Que l'on creuse un fossé profond entre le président et l'accusateur, qui depuis longtemps semble gêner son indépendance.

Nous nous efforcerons d'indiquer dans nos conclusions les mesures qui nous semblent nécessaires à cet effet ; mais disons ici que, quand le juge sera bien fixé dans son rôle véritable, nous serons d'avis de lui laisser, dans le cercle de sa fonction, la puissance la plus étendue. Qu'il conserve intact ce « pouvoir discrétionnaire » qui lui permet à certains moments de s'affranchir des règles ordinaires dans l'intérêt du droit et de la vérité, et qu'il ne reste pas comme le juge anglais figé dans le silence !

Spectateur de la lutte qui se déroule au-dessous de lui, qu'il ait le droit d'intervenir avec sagesse, de demander des éclaircissements à l'accusé lui-même, mais au cours du débat, par des questions discrètes, et non parmi les artifices d'un interrogatoire savamment calculé.

D'ailleurs, le juge dont nous parlons, n'étant plus accusateur, ne saurait produire rien de semblable à l'interrogatoire actuel. Pénétré de cette vérité : qu'il est aussi utile à la société de disculper l'innocent que de punir le coupable, il tiendrait strictement la balance entre l'accusateur et l'accusé, inférieurs à lui-même et égaux à ses yeux. Son influence sur le jury deviendrait considérable, pour le plus grand intérêt de la justice et de la défense sociale, et au lieu d'être une arène vulgaire, la Cour d'assises, devenue un lieu d'études et de réflexion, ouvrirait aux penseurs un horizon qui s'entrevoit à peine. Nous appelons de tous nos vœux un tel juge, de haute compétence et de haute indépendance ; juge qui dans des temps troublés, point fixe au milieu des luttes des partis, serait le meilleur garant de paix ; grand juge national que Bonaparte avait entrevu, mais qu'il n'a pas su créer.

VII

Mais notre président n'est pas seul sur l'estrade ; deux assesseurs, et à Paris deux conseillers comme lui, siègent à ses côtés. Certains auteurs déplorent même que ces assesseurs ne soient plus au nombre de quatre, suivant l'usage établi jusqu'à la fin de la Restauration.

Les pouvoirs du président et de ses deux collègues ne sont pas aisés à délimiter. Ces trois magistrats forment en réalité deux tribunaux distincts, d'attributions profondément différentes. Le président d'assises seul a un pouvoir, une juridiction toute personnelle ; le président et les deux juges réunis forment une autre juridiction qui, par exemple, statuera sur l'opposition faite à des mesures prises par le président seul !

Ce mécanisme est fort savant ; est-il indispensable autant qu'ingénieux, et ne pourrait-on pas, à notre Cour d'assises, faire l'essai du juge unique ? Nous savons que ce seul mot de juge unique effraie beaucoup de bons esprits, et il suffit pour soulever des protestations très ardentes de citer la phrase de

Bentham : « Combien faut-il de juges dans une cour de justice ? Dans le système d'une entière publicité, un seul suffit : voilà ma réponse ; mais je vais plus loin, un seul est toujours préférable à plusieurs. »

C'est l'opinion contraire qui a prévalu en France. Notre Montesquieu a tranché la question un peu vite dans une phrase dictatoriale, appuyée, il est vrai, d'un exemple historique. Voici la phrase : « Un tel magistrat (le juge unique) ne peut avoir lieu que dans le gouvernement despotique. »

Quant à l'exemple, il est tiré de Rome, comme on pense, et de l'histoire du décemvir Appius. Il paraît que ce décemvir, qui était un juge d'étrange sorte, et plutôt un tyran qu'un conseiller de Cour, n'aurait pu maltraiter l'infortunée fille de Virginius, si sur le tribunal où il rendit l'affreux arrêt, il avait eu à ses côtés deux ou quatre assesseurs...

La chose n'est pas très certaine, et, pour servir sa thèse, Montesquieu eût mieux fait de nous montrer, dans quelques cas heureusement choisis, les soixante magistrats de la Grand'Chambre du Parlement de Paris, prévenant par l'effort de leur sagesse collective, et, comme on dit, par « le concours de leurs lumières » quelque très noir forfait légal. Mais de tels exemples étaient sans doute difficiles à trouver.

Nous n'avons pas à examiner à fond ici la question du juge unique ; il y a, en thèse générale, de sérieux arguments pour et contre. Nous dirons cependant que dans toute assemblée, de trois ou de vingt magistrats, il y a souvent un juge unique, inconnu et voilé, maître anonyme qui dicte la sentence sans en avoir la responsabilité, et qui est ainsi plus dangereux que ne serait le véritable juge unique.

Si Appius avait eu des assesseurs, ceux-ci, on peut le craindre, auraient opiné du bonnet et trouvé de grands torts à la fille de Virginius; mais du nombre des magistrats la sentence aurait pu tirer quelque apparence d'autorité morale, et le peuple aurait peut-être hésité à se retirer sur le Mont-Sacré, ce qui eût été fâcheux pour l'avenir de la République.

L'idée du juge unique, il faut le reconnaître, semble en ce moment en France faire certains progrès. Chacun admet avec faveur l'idée de l'extension des pouvoirs du juge de paix, à la condition (c'est toujours là qu'il faut en revenir) que ce juge unique soit à la hauteur de sa tâche. De plus, nous voyons à Paris, depuis nombre d'années, que la juridiction du *référé*, c'est-à-dire du président du Tribunal de la Seine statuant seul dans une foule de cas importants, prend une grande extension et soulève fort peu de critiques.

Mais, nous le répétons, nous ne prenons pas, en thèse générale, parti sur cette grave question. Disons

seulement que sur le point spécial qui nous occupe,
quand il s'agit d'un juge statuant en audience publique à côté d'un jury, les esprits les plus réfractaires
à la thèse du juge unique reconnaissent que les
inconvénients redoutés ne peuvent se produire.
Le rôle des assesseurs est d'ailleurs dans la pratique réduit à rien ou presque rien, et il est vraiment
fâcheux que des magistrats de haute valeur soient
ainsi condamnés à de longues pertes de temps.

Toutes ces choses ont été dites dans la discussion
qui, en 1831, aboutit à réduire de quatre à deux le
nombre des assesseurs du président d'assises. Dans ce
débat ces magistrats furent un peu malmenés par
MM. Guizot, de Rémusat, Philippe Dupin et bien
d'autres. Le commissaire du gouvernement, qui était
un homme fort distingué, M. Renouard, les traita
d' « habitude historique ».

M. de Broglie, à la Chambre des pairs, déclara que
« les fonctions d'assesseur passaient pour une siné-
cure accidentelle... » Cependant quelques députés ne
manquèrent pas de prétendre que « le nombre des
magistrats rehausse la dignité de l'audience », et
M. Isambert, déclara « qu'il avait vu le juge unique
à *Old Bailey* à Londres, et que ce manque de
solennité l'avait beaucoup blessé ! » On ajouta que
« pour résister à l'influence du ministère public »
quatre magistrats valaient bien mieux que deux.

Mais le nombre en cela ne fait rien à l'affaire, chacun le comprit bien, et les quatre assesseurs furent réduits à deux.

Nous verrions sans regret qu'on fît un pas de plus et que sans nul souci des symétries décoratives, on laissât notre juge seul sur son estrade, dans son entier pouvoir, dans sa visible et entière responsabilité.

Ce juge libre, éclairé et puissant, aura à maintenir dans de sages limites le *duel oratoire* auquel nous allons maintenant assister.

CHAPITRE V

Le duel oratoire : forme moderne du combat judiciaire. — Une audience idéale ; le débat scientifique rêvé par Ferri. — Ministère public ; il est placé trop près du juge. — Début tardif du ministère public en Angleterre ; son développement excessif en France. — D'où vient l'avocat général qui siège à la Cour criminelle ? Il vient du *civil*, il va au *civil* ; ne fait que passer aux Assises. — Son rôle au débat ; ce qu'il est, ce qu'il devrait être. — Tactique de Lachaud. — L'avocat : L'article 311 ou la précaution inutile. — Excès de la défense : résultat et revanche de l'excès de l'accusation.

I

Tout semble avoir été dit quand ce duel oratoire commence. Après le long interrogatoire du président, on a entendu les experts, les nombreux témoins à charge et à décharge. Durant de longues heures il semble que chacun ait produit tous ses arguments... et cependant à ce moment un frisson d'attention parcourt l'auditoire : c'est maintenant que la bataille va s'engager !

Et nos anciens procéduriers, pleins de l'ivresse du duel commençant, s'écrient en voyant le ministère public se lever pour prendre la parole : « En voicy un maintenant qui joue des mains en bataille rangée ! »

C'est donc toujours la preuve antique, le duel judiciaire. Il s'agit d'art, de guerre et de triomphe. Qui sera le plus fort ou le plus éloquent ? Hier ces guerriers portaient la hallebarde, aujourd'hui ils ont pour arme la parole, mais ces deux systèmes diffèrent bien peu si on regarde la distance qui les sépare d'une recherche logique et rationnelle de la vérité.

Et qui sait, dans l'avenir lointain des âges, si l'histoire ne confondra pas dans les descriptions d'une époque primitive et quasi barbare les deux périodes du combat de justice : le combat par le verbe et le combat par l'épée ?

Et pas plus qu'autrefois ce combat n'est égal. Voici qu'un adversaire a du talent et que l'autre en manque ! C'est alors tout comme jadis quand un vilain appelait un gentilhomme au duel de justice : le seigneur combattait à cheval, couvert de son armure, le vilain à pied, armé d'un bâton. Et comment le haut et puissant seigneur de l'éloquence ne triompherait-il pas devant les jurés ?

En vain irait-on jusqu'à répéter à ceux-ci les recommandations pressantes et peu courtoises que sir

Richard Phillips adressait aux jurés londoniens:
« Les jurés, disait-il ne doivent pas se laisser séduire
par l'éloquence et l'art oratoire des défenseurs... ils
auront soin de se prémunir contre les préjugés et la
perversité des juges et des avocats. »

Mais combien de temps ces jurés, dont l'attention
est déjà fatiguée, surmenée par un long débat, pour-
ront-ils résister aux artifices de l'éloquence ? Comment déjoueront-ils les « finesses, cavillations et
détours » par lesquels on va essayer d'atténuer la
vérité ? Comment reconnaîtront-ils ces tout petits
mensonges dont Cicéron conseillait d'arroser les faits
de la cause : *causam mendaciunculis adspergere ?*
Que deviendront-ils surtout, si un orateur puissant
retrouve le secret de ces péroraisons de Lachaud
que Gambetta a su décrire dans une phrase si caractéristique : « Il ressaisit, dans une brassée hercu-
léenne, tous les éléments de l'accusation, il les broie,
il les mélange, il les choque, il les heurte, il les
brise, et les pousse d'un coup d'éloquence dans le
rêve et dans la fumée. »

Pauvres jurés ! ils sont, eux aussi, dans la fumée
et dans le rêve, et le talent des orateurs est leur bien
cruel ennemi ! Il faut songer cependant, quand on
serait tenté de critiquer trop amèrement ce duel peu
rationnel, au progrès immense que représente, malgré tout, ce système, si on se reporte au temps si

voisin où l'accusé n'avait point de défenseur, où la justice criminelle était rendue en secret. Il faut songer aussi que l'ère du débat scientifique, tel que Ferri a tenté de le peindre dans ses *Nuovi orizzonti*, est encore dans les brumes de l'avenir le plus lointain. Voici le tableau de cette audience idéale.

Lors du jugement rationnel :

« Plus de rivalités à qui sera le plus rusé, plus de logomachie, plus de jugements arrachés par la force des affections, au lieu d'être déterminés par un raisonnement droit et calme ; plus de ces artifices de procédure qui font dépendre la déclaration d'innocence de l'habileté d'un avocassier... et qui diminuent la confiance du peuple dans l'administration judiciaire...; mais une discussion scientifique sur les symptômes présentés par le délinquant, sur les circonstances qui ont précédé, accompagné ou suivi le fait, et sur leur signification anthropologique. »

Cette ère scientifique est bien loin de s'ouvrir ; et comme nous ne voulons pas ici poursuivre des chimères, réclamer des réformes qui ne seront mûres qu'après de longues années, nous acceptons le principe du duel oratoire, comme un mal qu'il faudra subir encore longtemps. Nous ne réclamons aujourd'hui qu'une chose : l'égalité des combattants, « l'agression et la défense marchant d'un pié et d'une mesure », maintenues dans la loyauté et la sagesse par un énergique et impartial juge du camp.

II

Et dans ce but, d'abord, il nous faut deux réformes, auxquelles suffiront l'architecte et le costumier. Pourquoi l'avocat général est-il assis sur cette estrade, à côté des juges, et sur un fauteuil pareil aux leurs ? Pourquoi, si la Cour entre ou sort, entre-t-il ou sort-il avec elle et par la même porte ? Pourquoi tous ces signes visibles d'une inégalité choquante entre l'accusation et la défense ; inégalité que le Code d'Instruction criminelle a malheureusement établie, mais que des pratiques mauvaises n'ont fait qu'accentuer. Les ancêtres parlementaires des magistrats actuels du Ministère public ne siégeaient pas à la Grand'Chambre près des juges, ils se tenaient, non sur l'estrade, mais sur le *parquet* de la salle, au rang des membres du barreau qu'ils tenaient à honneur de traiter en confrères. Le parquet, le barreau, c'est la poursuite, c'est la défense c'est la lutte : le juge est au-dessus !

Ainsi, que l'architecte renouvelle son plan, et que, sur le *parquet* de notre Cour d'assises, l'avocat général se tienne désormais en face ou aux côtés de l'avocat son frère.

Et aussi que le costumier réserve la pourpre et l'hermine au président, au juge.

Puis, au bas de l'estrade, privé de son fauteuil, déchu de quelques pouces et revêtu d'insignes plus modestes, regardons l'avocat général. Est-il diminué ?

Il aurait tort de le croire, et, s'il comprend son rôle, il se sent au contraire mis à l'aise par ces mesures qui rétablissent l'équilibre : il est en meilleure posture pour parler à ces jurés, qui s'inquiétaient de sa puissance sur le juge ; il se sent plus libre, mieux pourvu d'autorité morale dans l'accomplissement de sa tâche.

Mais quelle est cette tâche ? Qu'est-ce que le ministère public dont il est le représentant ?

On le sait, c'est un corps de magistrats amovibles chargés d'assurer l'exécution des lois. Quand la loi est violée, quand un crime est commis, au moment où il s'agit d'en déférer l'auteur aux tribunaux, deux systèmes sont en présence :

Dans l'un, le citoyen lésé agit lui-même, prend en main sa propre cause, et conduit l'agresseur devant les juges. C'est le système accusatoire; celui de Rome et des Anglais.

Dans l'autre, le citoyen s'en remet du soin de la poursuite au ministère public. C'est le système admis

en France où, suivant le mot de Montesquieu, « la
partie publique veille pour les citoyens, elle agit et
ils sont tranquilles ».

Bien que les Anglais aient un tempérament de
forte initiative individuelle, qui s'accorde avec le
système accusatoire, ils sentent depuis quelques
années le besoin de créer un ministère public. Bien
que les Français aient au contraire le goût de se
mettre en tutelle et de dormir pendant que « la
partie publique » veille, ils sentiront tôt ou tard
que l'excellente institution du ministère public a pris
dans ce pays un développement exagéré. De sorte
qu'à vrai dire, les Anglais n'ont pas assez de ministère public, tandis que nous en avons un peu trop.

En Angleterre, le mouvement qui se dessine en
faveur de l'institution du ministère public a conduit
à la création assez récente d'un fonctionnaire qui,
sous le nom de *director of public prosecutions*, est
chargé d'exercer des poursuites dans un certain
nombre de cas. Cet agent intervient dans les affaires
criminelles importantes ou difficiles, ou lorsque des
circonstances spéciales empêchent un citoyen d'assu-
mer le rôle d'accusateur. Le nombre de ces interven-
tions est jusqu'ici extrêmement restreint.

Certes le *public prosecutor*, dans ses rêves les plus
ambitieux, ne songe guère à régenter l'instruction,
à distribuer les dossiers aux juges de *Bow-Street* ou

des autres tribunaux de police ; à siéger à *Old Bailey*
à côté du grand juge, à le nommer par surcroît pour
chaque session, et à couvrir le pays d'une armée de
substituts qui, après avoir exercé les poursuites,
deviendraient avocats dans toutes les affaires et
devant toutes les juridictions, au civil comme au
criminel.

Les Anglais n'accepteraient jamais une institution
qui, ainsi étendue, pourrait devenir une puissante
ventouse, chargée d'absorber au profit de l'État le
pouvoir judiciaire. En France, les plus grands
partisans de notre ministère public, ceux qui sentent
le plus vivement sa nécessité, sont cependant amenés
à craindre que des empiètements successifs ne
l'aient dans notre pays conduit à sortir de ses limites
normales, parfois à porter ses pas sur le terrain du
juge. Il n'est pas inutile à ce sujet de répéter ce qu'a
pu dire il y a quelques années M. Guillot, dans ses
Principes du Nouveau code d'Instruction criminelle :
« La première condition d'une bonne organisation
de l'instruction criminelle, c'est que le ministère
public, étroitement renfermé dans son rôle, ait les
moyens légaux de soutenir les intérêts de la société,
sans avoir le pouvoir de diriger lui-même les investigations du juge, de le tenir sous sa dépendance. »

Cela est vrai à notre audience, autant que dans le
cabinet du juge d'instruction. Il ne faut pas, à la

Cour d'assises, que « la partie publique » puisse être soupçonnée de tenir en aucune façon le juge sous sa dépendance.

III

Regardons maintenant la carrière antérieure du représentant du ministère public.

Ainsi que le juge, il vient du « civil », et s'apprête à y retourner. Ainsi que lui, il voit dans le service de la Cour d'assises une épreuve pénible et passagère. Et cependant cette préférence pour le civil est moins explicable chez l'avocat général que chez le président. Au civil, en effet, dans la plupart des affaires, il n'est pas très utile de faire entendre la voix du porte-parole de la Société. Au criminel, au contraire, il est fort important que l'accusation soit soutenue. Et c'est cependant au civil que le Parquet réserve ses troupes les plus fraîches, ses forces les plus vives. L'avocat général qui siège à notre audience sera déchargé du service des assises après une seule année.

Or, n'est-ce pas précisément après une année que l'expérience acquise pourrait porter ses fruits ?

J'imagine qu'un avocat général parvenant à cette

fonction difficile qui consiste à prendre la parole au nom de la société dans les procès criminels de Paris, est bien forcé d'abord de subir le milieu, de s'abandonner aux courants et aux traditions qui le saisissent dès son entrée dans cette audience. Il ne dégage point en un seul jour sa personnalité et sa volonté propre. Le voilà dévoué à la lutte oratoire; il s'abandonne à elle, il s'émeut, il s'indigne, donne trop au spectacle, et, comme il est un homme, si pure et élevée que soit sa conception de son rôle, il cède au goût ambiant, il est gagné par la fièvre des grands jours. Enfin, dans cette immense salle, où si souvent les choses ne sont prises et vues que du petit côté, il participe comme il peut, et d'abord à tâtons, à l'œuvre mal réglée de la justice criminelle.

Mais peu à peu il regarde, il observe; au contact des misères et des douleurs humaines son point de vue s'élève et s'agrandit. Il sait bien que l'œuvre de justice n'est pas une œuvre de colère et de vengeance, et il cherche ardemment, étant homme de cœur, la ligne exacte qu'il doit suivre, les limites dans lesquelles il doit maintenir son œuvre et sa parole pour faire quelque bien.

Et peu à peu ses yeux s'ouvrent sur toutes les lacunes, sur les défauts immenses de ce Code pénal, ce tarif démodé dont les brutalités ou les erreurs le mettent souvent en si fausse position. Son horizon s'élargit, il aperçoit plus de problèmes et les comprend mieux, il cherche, il travaille, et il constate enfin que tout est à créer dans ces régions presque inconnues de la pathologie sociale, sur les graves questions du crime et de la récidive, du classement des délinquants, des systèmes pénitentiaires, et sur ces problèmes de la médecine légale si souvent mal posés, mal compris, résolus au hasard.

Lui n'a point la mission d'opérer les réformes; mais, dans la pratique et le détail quotidien de la direction des affaires, quels heureux coups de barre il saurait donner maintenant! Il est entré à la Cour d'assises comme l'on entre dans une lice, pour lutter contre le barreau, et maintenant l'expérience l'a rendu digne d'être dans toute affaire le conseil éclairé du jury... Mais l'année est finie; il part, il est parti! Parti aussi le président d'assises, et la juridiction est une sorte de couloir que le magistrat du parquet, comme celui du siège, ne fait que traverser en courant.

Mais pendant qu'il y est, quelle est son attitude? Il joue un rôle actif, il a la charge de la preuve: comment va-t-il la fournir aux jurés?

IV

Le public souvent s'imagine que le représentant du ministère public est contraint par la fonction et l'uniforme à « accuser quand même ». Rien n'est assurément plus contraire à la réalité. Que l'avocat général soit éloquent ou non, cela est secondaire, mais il ne doit jamais oublier qu'il n'est point dans le monde de parole plus libre que la sienne, qu'il doit avant tout s'exprimer en homme sincère et courageux.

Cependant, dans une discussion qui eut lieu au Conseil d'État en 1804 sur la nature des fonctions des procureurs généraux, l'Empereur ne voulut point d'abord admettre qu'un simple membre du Parquet, nommé par le Grand Juge, pût conclure autrement que selon les vœux de ce Grand Juge. Vainement Regnault de Saint-Jean-d'Angély expliqua-t-il que le procureur général « doit être le défenseur de la justice et non de l'opinion du ministre ». Napoléon, très renseigné, comme on le sait, sur les traditions monarchiques et désireux d'en renouer le fil, répliqua que « dans les lits de justice où le roi était présent, le procureur général devait conclure conformément aux ordres du roi ».

La raison n'était pas bonne, et il se trouvait là, pour rectifier le maître, un certain prince architré-sorier de l'Empire qui était plus ferré que quiconque sur les lits de justice et les us et coutumes des anciens parlements. Ce fut Lebrun, cet ancien secré-taire du chancelier Maupeou, devenu duc de Plai-sance, qui renseigna l'Empereur : « Les procureurs généraux, dit-il, concluaient conformément aux ordres du roi lorsqu'il s'agissait de l'enregistrement d'une loi ; dans toutes les affaires particulières, ils con-cluaient conformément à leur opinion personnelle. » Lebrun avait raison, et depuis son oracle nul n'a songé à contester à un avocat général le droit de conclure à sa guise et, si la preuve du crime n'est pas faite, de solliciter un acquittement.

Mais, quelle que soit la thèse qu'il soutienne, sa tâche importante, sa réelle fonction à la Cour d'assises ne se borne pas, à notre avis, au réqui-sitoire. Suivant les règles mêmes tracées par le législateur, l'avocat général ne doit pas faire consister toute son intervention au débat dans ce discours apprêté qui fait partie du duel oratoire. Il doit, dès le début de l'audience, jouer le rôle actif de demandeur.

Or, nous avons convié le lecteur à suivre près de nous une cause célèbre ; pendant une journée, et deux journées peut-être, il a vu à l'audience tous les rôles et tous les personnages accaparés par le président ; c'est à peine s'il a pu distinguer à côté de la Cour un magistrat muet et immobile : c'était l'avocat général.

Parfois à Londres on voit l'accusation représentée par deux membres du barreau. Le plus important des deux, sans doute un *Queen's counsel*, c'est-à-dire un avocat parvenu aux dignités de son ordre, « ouvre le cas », il expose l'affaire. Son confrère plus jeune se charge des interrogatoires.

A l'audience de notre Cour d'assises, ne dirait-on pas que l'accusation est aussi représentée par deux personnages ? L'un d'eux, le président lui-même, « ouvre le cas », il expose l'affaire, ensuite il interroge l'accusé, les témoins, et pendant cette première partie de l'audience, à coup sûr la plus importante, l'avocat général n'intervient guère. Qui croirait, à le voir, qu'il a la charge de la preuve ? Il se tait, il écoute ; il peut intervenir, mais il est de bon goût qu'il n'intervienne pas ; cela est périlleux. Chose singulière, il a précisément l'attitude du juge anglais pendant le débat !

Telle n'est point la procédure que le Code avait instituée. L'avocat général doit la preuve au jury : dès l'ouverture de l'audience, c'est lui qui engage le débat. Il expose le sujet de l'accusation, puis il présente ses témoins, il les questionne, il fait sa

preuve comme il peut ; et quand l'enquête est close,
il a déjà rempli une partie importante de sa mission.

En Allemagne, quand le ministère public et le
défenseur s'accordent pour demander à interroger
eux-mêmes les témoins et experts, le président leur
en laisse le soin. Ce système présente de sérieux
avantages, puisqu'il laisse le président à son rôle,
et puisqu'en même temps il éclaircit et abrège par
avance, au grand profit des jurés, les développements
futurs du duel oratoire. Mais ce système, on le sait,
n'est pas usité chez nous ; l'accusateur est resté à
peu près silencieux pendant l'enquête orale, il se lève
maintenant pour prononcer un discours d'apparat.

Il va soutenir la thèse qu'il a librement choisie.
Mais pour soutenir cette thèse tous les arguments lui
seront-ils permis ? Ou sera-t-il, comme l'avocat de
l'accusation en Angleterre, enfermé dans de telles
limites qu'il ne puisse, par exemple, se livrer à
aucune incursion dans le passé de l'accusé ; qu'il
ne puisse même, avant le verdict, faire aucune allusion à une condamnation antérieure que cet accusé
aurait subie ?

L'avocat général est chez nous entièrement libre,
il peut tout dire, il n'est presque point pour lui de
barrière officielle et légale. La loi française donne
même à sa parole plus d'immunités et de privilèges
que n'en possède la parole du défenseur. Mais, par

une réaction naturelle, le jury est en général plus sévère pour la parole du ministère public que pour celle de l'avocat.

Que l'avocat général se garde donc d'user sans modération de ses privilèges ! Pour les réduire à néant le jury possède un moyen souverain, qui est son « droit de réponse » aux réquisitoires qui ne lui plaisent pas : l'acquittement.

L'avocat général qui aurait usé jusqu'au bout des droits qui lui sont conférés obtiendrait donc un résultat certain : celui de rendre plus sympathiques et plus séduisantes les paroles de pitié et de miséricorde que le défenseur va maintenant faire entendre.

V

On sait que Bonaparte aimait peu le barreau. « Les avocats, disait-il, sont sans doute sans importance par rapport au gouvernement, mais ils en ont beaucoup par rapport aux jurés, car ils séduisent, par des discours captieux, ces hommes peu accoutumés à démêler un sophisme. Il faut, ajoutait-il, que chaque juge puisse demander la répression de l'avocat qui en impose ou qui s'oublie. »

De tels sentiments inspirèrent un certain article 311 du Code d'Instruction criminelle, qui chaque jour encore, au début de l'audience, donne lieu à la Cour d'assises à un manège singulier. Le défenseur se soulève à demi sur son banc, et, inclinant la tête, il reçoit du président, ainsi qu'une bénédiction balbutiée à voix basse et rapide, l'avertissement « de ne rien dire contre sa conscience ou contre le respect dû aux lois, de s'exprimer avec décence et modération ».

C'est un étrange avis, car autant il est nécessaire que le juge ait l'autorité suffisante pour réprimer tout écart de parole, autant il est fâcheux qu'une injonction comme celle de l'article 311 paraisse, dès l'abord, rompre l'égalité entre l'accusation et la défense et traiter celle-ci en suspecte.

D'ailleurs tout avocat habile, loin de se plaindre de ces petits mauvais procédés du Code, sait y trouver un bénéfice sûr. Sous l'injonction du président, il se penche, abattu, et comme une victime condamnée par avance... les jurés le vengeront bien !

Renonçons donc à cette mise en scène. Il faut que la défense soit libre, voilà le principe qui domine tout. Dans ce domaine de la procédure pénale, nous n'avons pas fait assez de conquêtes, certes, pour ne pas tenir à garder celle-là. La liberté de la défense doit être sauvegardée avec un soin d'autant plus jaloux, que, lorsque l'avocat se lève pour prendre la parole, un immense effort, on le sait déjà, a été fait contre l'accusé, et à cet effort a parfois concouru, avec celui qui accuse, celui-là même qui devra juger.

L'avocat, il est vrai, a pu intervenir, et entrer dans la lutte avant la plaidoirie. Même il a eu grand tort s'il ne l'a point fait, car pour lui, comme pour l'avocat général, le vrai moment du combat est à l'heure des témoignages plutôt qu'à l'heure du discours d'apparat. C'est au moment où la preuve est produite que l'objection doit se dresser.

Lachaud, qui fut un homme de l'esprit le plus fin en même temps qu'un grand orateur, savait cela mieux que personne. Il prenait au débat une part très active, questionnant les témoins, luttant avec l'expert, déployant dans cette escrime les ressources de l'esprit le plus ingénieux, et finissant par tout diriger. Il connaissait mille ruses pour parvenir dès l'audition des témoignages à conquérir la sympathie des jurés, pour rompre au bon moment leur attention précaire. Puis, s'était-il mal engagé, comme cela peut arriver au tacticien le plus habile ? un témoin faisait-il à une de ses questions une réponse écrasante ? Lachaud, qu'on regardait, prenait l'air radieux, cet air content et ingénu de l'homme simple et bon qui a obtenu ce qu'il désire... et l'effet était dissipé.

Nous comptons fermement que ces belles manœuvres de notre suranné combat judiciaire feront, quelque jour, place à des recherches moins fantaisistes, à des analyses sincères, mais ce jour-là plus que jamais c'est à l'heure de l'enquête orale que chacun devra faire un effort décisif.

Voilà les preuves, c'est-à-dire les témoignages ; s'il y a des doutes scientifiques, voilà l'expert, voilà la pièce à conviction. C'est bien à ce moment, par d'utiles remarques et d'utiles questions que tout peut s'éclaircir. Le ton est naturel et chaque voix est calme ; le président, bien loin d'instruire à charge, s'applique à faire ressortir les arguments sérieux et les objections de chacun, il fait préciser l'expertise. C'est ce colloque utile et grave qui est destiné selon nous à devenir la partie la plus importante du débat judiciaire, à refouler tous ces mots inutiles de la fausse éloquence, du discours apprêté.

En attendant, à l'audience où nous sommes, l'avocat est debout, il a pris la parole.

Tandis qu'il plaide, le juge a le devoir de protéger la liberté de sa parole, et en cette matière il est juste de dire « qu'il faut en quelque sorte excuser jusqu'à l'abus du droit pour ne pas paraître l'opprimer ».

Cet orateur est long... Qu'on se garde de l'interrompre ! il n'abrégerait guère et semblerait persécuté ! Faudrait-il cependant rétablir le clepsydre et limiter le temps des plaidoiries ? Je doute que les magistrats de la Grèce et de Rome aient gagné grand'chose à ce procédé, qui devait allumer de terribles querelles entre les juges et le barreau !

Cicéron se plaint amèrement qu'un certain jour, on ne lui ait accordé qu'une demi-heure à peine. Aujourd'hui le président d'assises écoute avec déférence, même si ce n'est pas Cicéron qui plaide ; il supporte les allocutions les plus étendues, les plus chargées peut-être de ces citations inutiles dont Henri Heine, ce railleur sans respect, comparait l'effet dans le discours à celui des « raisins piqués dans le baba ».

Tout est long à la Cour d'assises et tout est surchargé de solennelles redites. Après les longueurs infinies de l'acte d'accusation, de l'interrogatoire, de tant de cérémonies, l'avocat semble encore modéré s'il sait tant soit peu se borner. Le goût du développement oratoire est le produit naturel de la machine judiciaire telle qu'elle est actuellement organisée. Ainsi qu'un moulin produit de la farine, cet organisme produit de la rhétorique, et il faudrait le modifier dans son ensemble pour modifier ce produit. Ainsi notre avocat peut plaider longuement.

A-t-il le droit de tout dire ?

On connaît le texte menaçant de l'article 311, mais un texte au Palais vaut bien peu par lui-même :

il s'agit de l'interpréter. Nos voisins d'Angleterre, qui aiment pourtant la liberté, enferment l'avocat dans certaines limites. Leur principe est qu'il n'est point permis à l'orateur de troubler le jury et de chercher à « obtenir un verdict sans le secours de la preuve ». D'où il résulte que l'avocat, celui de la défense comme celui de l'accusation, « doit s'abstenir de rien avancer qui ne soit de nature à être confirmé par une preuve légale ».

Cette règle, on s'en aperçoit, diffère singulièrement des usages établis à notre Cour d'assises ! Qu'un avocat anglais s'avise de dire au jury qu'il est « omnipotent », qu'il est « juge des lois », qu'il lui appartient de « faire grâce », il encourra un sévère rappel à l'ordre. Chez nous la loi elle-même, dans un texte vague et sentimental que nous avons analysé, peut prêter à une équivoque. En recommandant aux jurés de juger uniquement d'après leur *impression* et leur *intime conviction*, elle semble permettre à l'avocat de les placer au-dessus de la loi, dans le domaine du caprice.

Puis surtout (c'est là l'idée centrale à laquelle il faut toujours revenir) comment un président qui a semblé, pendant un long débat, se constituer auxiliaire du ministère public, aurait-il l'autorité nécessaire pour modérer la plaidoirie, pour la ramener au point du procès, pour user en un mot des pouvoirs étendus que la loi lui confère? L'avocat peut tout se permettre si sa plaidoirie a l'air d'une revanche de l'interrogatoire. L'excès de l'accusation a légitimé d'avance l'excès de la défense.

L'avocat dira donc, sans contrôle effectif, tout ce qu'il croira de nature à séduire le jury, et si ses derniers mots sont couverts par un « tonnerre d'applaudissements », si les jurés, oubliant le procès pour le spectacle, et entraînés par le public, participent eux-mêmes à l'enthousiasme ou au tumulte, gardons-nous d'accuser ces jurés, ou le public, ou l'avocat lui-même. Rapportons ces effets au milieu qui les détermine : c'est le milieu qu'il faut transformer.

Mais par quels moyens pratiques? N'avons-nous pas ici, après cet examen critique des principaux organes de la Cour d'assises, le devoir de conclure?

Nous approchons, en effet, de cette dernière partie de notre tâche. Mais il convient, avant de l'aborder, d'examiner notre juridiction dans l'accomplissement d'une fonction importante, et très différente de celle que nous venons de lui voir remplir. Pour avoir une idée complète de la Cour d'assises de la Seine, il faut la voir statuer sur un délit de presse, et nos jurés ont dans leur rôle de quinzaine un de ces procès difficiles.

CHAPITRE VI

Une « belle affaire » de diffamation ; conversations de Paris sur
la Presse. — Doit-on poursuivre ? — La justice est saisie :
délais, menaces, pression sur les jurés. — Physionomie
spéciale de l'audience. — Surprise des jurés : où est le
prévenu ? — Apparition du gérant ; comédie séculaire du
« procureur à la prison ». — Débat élargi et dévié : le procès
d'un régime politique. — L'homme public diffamé n'a pas
les garanties de l'accusé ordinaire. — Scandales d'audience.
— Le gérant est-il coupable ? — Inutilité des peines corpo-
relles en matière de Presse. — Résultats de la loi de 1881 :
quelques chiffres.

1

Ce n'est plus un « beau crime », mais c'est encore
une « très belle affaire » qui va se dérouler devant
nous : qu'on en juge !

Le plaignant est un député connu, ou un haut
fonctionnaire ; le journal poursuivi est dirigé par
un pamphlétaire illustre, et les diffamations qui font

l'objet du procès sont vraiment atroces. Dès l'article paru, le scandale fut grand, le débat peut le rendre énorme. Donc, cette affaire est vraiment belle. Elle défraie depuis huit jours les conversations de Paris. On en parlait hier dans un salon, et, de cet incident, les propos sont vite parvenus à des thèses plus générales. L'éternelle question de la Presse a été mise sur le tapis.

Tout d'abord un sceptique a tenté d'enrayer la discussion. Sur la Presse, a-t-il dit, sur sa puissance et sur son impuissance, sur les biens ou les maux qui résultent de sa transformation de presse de doctrine en presse de finance, sur ses délits et la juridiction qui leur convient, les débats sont clos, tout est dit et redit. Depuis cent ans et plus que les hommes d'esprit s'escriment sur ce sujet rebattu, ils ont trouvé des mots et point de remèdes. Laissons couler le flot ! Il nous emporte Dieu sait où ! mais il est irrésistible. Parlons donc d'autre chose.

Là-dessus, cela va sans dire, la discussion a commencé. Un libéral a soupiré, un autoritaire s'est mis en colère, et la causerie s'est réglée dans le vague menuet des répliques connues, violentes ou légères, habituelles et fades. Les uns, prenant parti dans l'affaire du jour pour le diffamateur, ont gémi sur la corruption de l'époque. D'autres ont prétendu que la moralité publique ne varie guère d'un temps

à un autre, qu'il faut pourtant être gouvernés, et que
nul régime politique ne résisterait aux furieux assauts
de la diffamation moderne... Des propos contradictoires se sont ainsi longtemps échangés, quant tout à
coup, sur un point, l'entente s'est miraculeusement
faite ! Quelqu'un, qui parlait de réformes possibles, a
prononcé le mot de jury ; aussitôt tous les combattants ont à la fois haussé les épaules, et se sont écriés,
dans un tumulte d'unanimité : « Quelles réformes
tenter tant que le jury jugera la Presse ? Il n'y a rien
à faire avec le jury ! »

Rien à faire avec le jury juge des délits de Presse !
C'est le refrain qu'on entend dans tous les milieux
et dans tous les partis. Même ceux qui bénéficient de
l'indulgence des douze juges-citoyens les raillent.
D'un avis, presque unanime, la croyance au jury en
matière de presse « est avec la garde nationale,
comme le dit M. Thureau-Dangin, une des illusions
du parti libéral ». Et n'est-ce pas là, vraiment, une
conclusion mélancolique aux luttes de tout ce siècle ?

Combien de fois, depuis cent ans, a-t-on durement
combattu pour conquérir, avec les libertés publiques,
ce jugement par jurés qui semblait leur garantie
suprême ! Des régimes se sont écroulés pour avoir
refusé à la Presse, au pays qui le réclamait pour
elle, ce mode de juridiction ; d'autres se sont édifiés
en l'adoptant, et maintes fois il a semblé que les

destinées et le bonheur de ce peuple fussent liés à la question de savoir si les journalistes seraient jugés ou non par douze citoyens. La Constituante la première avait confié le jugement de la Presse au jury. Après le long silence de l'Empire, dès que le parti libéral put relever la tête, il imposa à Napoléon lui-même, au retour de l'île d'Elbe, la liberté de la Presse et son jugement par jury; cet article figura dans l'Acte additionnel.

Depuis lors chaque victoire du parti libéral ou de l'esprit rétrograde devait être marquée par l'abandon ou la conquête de cette juridiction populaire, semblable à une forteresse sans cesse prise et reprise par deux partis acharnés. Pour ce jury, qui excite aujourd'hui des sourires ironiques, de pauvres gens, soldats ou émeutiers, se sont fait casser la tête en maintes sanglantes journées... Et combien les engagements ont été nombreux! Combien de fois la Presse s'est-elle vue ballottée du régime de la Bastille à celui de l'impunité!

Une incessante oscillation de l'escarpolette politique l'a menée de 89 à Fructidor, de Bonaparte aux mesures libérales de M. de Serre; de celles-ci aux lois rétrogrades provoquées par l'attentat de Louvel; de Louvel à 1830, et du jury né des « Glorieuses » aux réactions inspirées par Fieschi; des « dures lois » de Septembre au jury de 1848; de 1848 aux jour-

nées de Juin ; du Décret de 1852 à l'Empire libéral,
et au jury du gouvernement de la Défense nationale ;
enfin de la loi du 29 septembre 1875 qui restreignait
la compétence du jury, à la loi de 1881 qui nous
régit.

Nous en sommes là ! Depuis quinze ans la Presse,
ayant pour juge le jury, jouit de la plus longue
période de liberté qu'elle ait connue dans notre histoire. Sommes-nous arrivés, par cet antique jeu
d'escarpolette, au bout du trajet accoutumé, et est-il
vrai que le trajet en retour s'impose ?

Les attentats anarchistes, Vaillant et Caserio, ont
donné un signal auquel les gouvernements antérieurs
ont toujours répondu par les traditionnelles mesures
restrictives de la Presse, par le retour à la censure,
et, cela va sans dire, par l'abandon du jury. Il n'en
a pas été de même à ces dates récentes dont tout le
monde se souvient. Sans doute un pas a été fait vers
une législation plus sévère, mais les bases de la loi
de 1881 n'ont pas été cette fois encore ébranlées ; le
jury est resté debout.

Seulement on ne saurait nier que la doctrine
favorable à l'impunité de la Presse perd chaque
jour un peu de son prestige ; que ces mots répétés
jadis : « La France s'habitue à la licence de la
Presse » ne rencontrent plus la même faveur ; et
qu'en beaucoup d'esprits semble se dessiner le fatal

mouvement de retour vers la police correctionnelle, et peut-être aussi vers d'autres mesures, telles que le cautionnement.

Faut-il marcher dans une telle voie?

Nous répondrons nettement : non. Non, il est inutile de parcourir une fois de plus cette route si battue, de relever ces anciennes barrières que le premier orage, fatalement, emporterait.

Ne peut-on d'ailleurs organiser une répression sans abandonner le jury ? Est-ce bien lui qui est responsable des maux causés par l'impunité de la presse ? Nous allons examiner de près ces questions.

Dans l'affaire que nous choisissons comme exemple, la poursuite a pour base une diffamation envers un député ou un fonctionnaire. En ce cas, on le sait, c'est la Cour d'assises qui est compétente, et le diffamateur peut s'exonérer de toute responsabilité en apportant au jury la preuve de ses allégations. C'est la loi, et la loi est bonne, car la vie publique du fonctionnaire ou du représentant peut et doit être examinée au grand jour.

La diffamation s'est donc produite ce matin dans un journal fort répandu. Le diffamé a pris connaissance de l'article qui l'outrage, et aussitôt s'est posée devant lui cette question pleine d'angoisse : Dois-je, ou ne dois-je pas poursuivre ?

II

Cette redoutable question a torturé bien des consciences ! L'extrême méfiance inspirée par notre justice en matière de délits de presse crée aux victimes de la diffamation une situation douloureuse. Se taire, attendre que le temps ait redressé l'erreur, tenter de conjurer par un dédain immuable les « maléfices typographiques », c'est une solution ; et c'est même une école. Certains docteurs n'ont qu'un précepte applicable à tous les soucis que les gazettes peuvent créer aux gouvernements et aux hommes : « Laissez dire, laissez imprimer ! » L'autre école, au contraire, dit : « Poursuivez toujours. » Celle-ci est la moins nombreuse, et, devant le tableau qu'il nous faudra tracer du débat à la Cour d'assises, on sera bien obligé d'avouer que quelques sérieux motifs l'empêchent de recruter des partisans.

Notre diffamé appartient (c'est le cas ordinaire) au gros bataillon des irrésolus. Sur la Presse, sur le jury, sur cette question « Faut-il poursuivre ? » il a répété ce que dit tout le monde ; même il s'est prononcé pour des solutions contradictoires suivant l'humeur du jour et l'interlocuteur ; à présent il faut prendre une décision personnelle. Poursuivra-t-il ?

D'abord a-t-il la conscience pure ? Si tel est son cas, dira-t-on, pourquoi ne poursuivrait-il pas ? Le silence convient à l'homme qui est coupable, ou qui dans son passé voile quelque tare secrète.

Ceci est vrai en bonne logique, mais non en pratique actuelle. Un procès en diffamation peut être une bonne fortune pour un homme de réputation douteuse. Si le fait avancé n'est pas nettement prouvé, si d'ailleurs le moment politique est favorable, il a quelque chance de se refaire à la Cour d'assises une virginité. S'il perd son procès, le jury a bon dos ! L'honnête homme au contraire, le calomnié dont la réputation intacte ne peut que perdre à ce tapage, éprouve des transes mortelles.

Est-il fonctionnaire ? Ses chefs sont ennuyés et se sentent atteints par sa mésaventure. Ils le plaignent sans doute, mais non sans penser au fond du cœur qu'il est gênant, qu'il fut peut-être maladroit ? En tout cas il n'est pas un « fonctionnaire heureux ». On ne l'engage pas à poursuivre, et volontiers lui dirait-on avec Émile de Girardin, si le scandale se prolonge : « Après tout, la calomnie a été calomniée par Basile ; elle a son bon côté, c'est un avertissement détourné de prendre plus de soin à l'avenir de ne pas mettre contre soi les apparences. »

Notre honnête homme pourra donc éprouver des humiliations, et il subira sûrement les angoisses du coupable. Les conseils contradictoires de ses amis ne feront qu'augmenter son trouble. Placé entre deux groupes qui lui diront, comme le conseilleur de Panurge : « Point doncques ne poursuivez ! » ou « poursuivez doncques de par Dieu ! » il se laissera en dernier ressort guider par son tempérament. Si ce tempérament est énergique, si cet homme est décidé à défendre son honneur, il prend la résolution de porter plainte. Voilà donc la justice saisie et le jour de l'audience fixé.

III

Puisse le jour de cette audience être très rapproché du jour de la diffamation ! Tout délai est ici déplorable. Par les lenteurs qui lui sont inhérentes, la juridiction de la Cour d'assises, telle qu'elle est organisée, décourage bien des poursuites et, quand elles ont lieu, rend les procès inefficaces

D'abord, chacun sent bien que, pour atteindre la calomnie, il faudrait l'atteindre soudainement, par un arrêt qui parvienne au public presque en même temps que l'attaque. C'est en fait de diffamation qu'il faudrait organiser le *référé*, avec sa hâte! Ensuite, quand de longs jours séparent la plainte du procès, le public parmi lequel les jurés se recrutent, et ces jurés eux-mêmes dès qu'ils sont connus, sont l'objet de la part du journal poursuivi d'une campagne ardente, qui a pour but de créer à l'avance leur opinion sur le procès. Fréquemment, on le sait, ce journal leur envoie personnellement des numéros rédigés en vue d'agir sur leur conscience.

Que peut faire le calomnié contre de tels agissements, contre des commentaires[1] qui le perdent d'avance dans l'esprit de ses juges, et qu'il ne peut réfuter? Tandis qu'il est condamné au silence, son adversaire s'introduit tous les jours auprès de chaque juré, et

---

1. « C'est dans l'intérêt de la libre et indépendante administration de la justice, disait lord Coleridge en 1892, que *tous les commentaires sur les causes pendantes doivent être évités jusqu'à ce que les jugements soient rendus... à partir de ce moment on peut librement les critiquer.* » Et dans le pays classique de la liberté de la presse, ces mots ne constituent pas un bénin et platonique avertissement! Il y a un an à peine, le directeur d'une *Revue* anglaise se voyait condamné à une forte amende pour avoir publié, sur une affaire qui allait venir aux Assises, *des commentaires de nature à faire impression sur le public parmi lequel se recrutent les jurés.* Ce directeur avait devant la Cour présenté d'*humbles excuses.* Il aurait pu être condamné, non seulement à l'amende, mais aux peines les plus rigoureuses. Les Anglais, qui défendent la conscience du juge contre toute influence gouvernementale, ne la protègent pas moins énergiquement contre les sollicitations de l'opinion publique.

dans de longs tête-à-tête plaide à loisir sa cause, ou bien requiert contre le diffamé. N'est-ce point là cette sollicitation dont faisaient tant abus les privilégiés de l'Ancien Régime?

Tout juge et tout juré est aujourd'hui en butte aux séductions et aux menaces d'une solliciteuse plus puissante et plus insinuante que ces tribus titrées qui passaient autrefois avec de longues révérences devant les conseillers au Parlement. Cette moderne, cette grande solliciteuse entre chez le juge à toute heure et malgré les portes fermées ; elle l'assiège chez ses amis, dans les salons et dans la rue : bon gré mal gré il faut bien qu'il l'entende ! C'est la Presse, cette solliciteuse, qui est devenue un des plus puissants facteurs de tous les juge- ments humains. Et parfois ce n'est pas seulement contre des raisonnements plus ou moins capticux ou intéressés que les jurés ont à se tenir en garde ! Qu'on se souvienne de la période des procès anarchistes ! Nos jurés parisiens étaient alors en butte à des solli- citations directes, à des menaces très positives ; on cherchait à les terrifier en publiant avant l'audience leurs noms et leurs adresses ; ils étaient menacés personnellement d'une condamnation à mort par des gens qu'ils savaient capables d'exécuter leurs sentences.

Nous avons vu de près nos jurés à cette époque,

et nous devons dire que, dans ces circonstances tragiques, ils se sont presque toujours conduits avec courage. Les uns montraient l'entrain et la gaieté de notre race, les autres domptaient leur épouvante : tous affirmaient cet amour ardent de la justice qui fera d'eux un jour des juges excellents. Mais il est monstrueux sans doute de les soumettre à de pareilles épreuves, et il faut enfin que nos mœurs, secondées par la loi, assurent invariablement avant la décision le respect de la liberté de conscience du juge.

Dans les affaires ordinaires, et dans l'affaire de diffamation que nous avons choisie, les sollicitations de la Presse ont été à coup sûr moins directes et moins violentes que dans les procès anarchistes. Cependant, comme cette cause touche par quelques points à la politique, de nombreux articles de journaux favorables au diffamé ou au diffamateur ont été publiés. On a produit des documents vrais ou faux, on les a longuement commentés. On a démontré qu'un verdict d'acquittement ou de condamnation atteindrait gravement le gouvernement ou un parti. On a déplacé, élargi indéfiniment le point à juger, on a fait de cette affaire le procès de tout un régime politique!

Le juré a donc à coup sûr reçu de l'affaire une première impression, probablement vague et fausse. En tout cas il s'exagère sûrement, au moment où il entre dans la salle, l'importance du spectacle auquel il va assister.

IV

Si Théophraste Renaudot, aïeul patenté de notre journalisme, médecin et gazetier, pouvait, à l'occasion d'un grand procès de Presse, quitter le piédestal qu'il occupe à quelques pas du Palais, et franchissant le degré où les parlementaires brûlaient les journaux de jadis, gagner la voisine Cour d'assises, il observerait sans doute avec quelque surprise les modernes façons de sa célèbre fille la presse périodique. L'ayant laissée sujette et vraiment hors la loi, il la retrouverait souveraine, et il verrait ces pauvres gazetiers, parias de l'ancien régime, devenus privilégiés dans le régime nouveau.

Ce trait est fort visible à l'audience où nous sommes et qui en aucun point ne ressemble à l'audience d'hier ou à celle de demain. La foule qui est venue pour le délit de presse est une foule toute spéciale, bien différente assurément de la houle vulgaire des affaires de sang, ou du public élégant des affaires de cœur. Peu de dames dans la salle, et au fond, à l'endroit réservé au public, peu d'auditeurs, quelques étrangers égarés. Mais dans l'enceinte du barreau, l'animation est extraordinaire ; une fièvre quasi parlementaire échauffe tout le stage. On se montre les témoins de marque, des hommes politiques connus. Depuis qu'ils sont en session, pendant ces jours d'apprentissage, certains jurés avaient pu acquérir quelque expérience des procédures criminelles, accoutumer leurs yeux aux formes usitées, mais aujourd'hui rien ne se trouve à sa place habituelle. Pas de gardes républicains, pas de pièces à conviction, pas de prisonnier au banc où, d'ordinaire, l'accusé est assis.

Cependant, en face du jury, s'ouvre tout à coup la porte bien connue, cette porte fatale par où, aux minutes tragiques, apparaît le condamné, pâle et hagard, qui vient écouter sa sentence. Oh, cette porte ! Quelle angoisse affreuse les jurés ont éprouvée déjà en la voyant s'ouvrir devant le condamné à mort !

Qu'est-ce donc ? elle cède aujourd'hui sous la poussée d'un groupe joyeux, et les chroniqueurs judiciaires, le crayon aux dents et le carnet aux doigts, escaladent le banc d'infamie, se disputent en riant la place la meilleure, le coin des scélérats illustres. A ce coin, le juré voit apparaître un visage honnête et souriant et, déconcerté, il se demande : Où peut bien être l'accusé ?

Et ce point l'intéresse, pique au vif sa curiosité, car il s'agit d'un article diffamatoire publié dans un journal très répandu et dont le directeur est un pamphlétaire célèbre. Jusqu'à cette heure, le juré n'a su qu'une chose : tel journal est poursuivi. Il faut bien, à présent, qu'un homme incarne la poursuite ; et le juré s'attend à voir ce directeur fameux, dont le nom est toujours prononcé en même temps que le nom du journal, qui le personnifie, qui est sa pensée même.

Mais où donc se place-t-il ? Ah ! le voici sans doute : cet homme inquiet et pâle, devant une petite table, au-dessous de la cour, conversant à voix basse avec son avocat, prenant des notes, déployant des papiers qu'il froisse d'une main nerveuse, ce doit être là l'accusé. Il a d'ailleurs la mine de l'emploi, la figure sombre et défaite!... Malheureusement, ce prétendu accusé n'est autre que le plaignant en personne, et cette fois l'erreur que notre juré a commise témoigne en faveur de sa psychologie. Oui, c'est bien au malheureux plaignant que conviennent ces yeux cernés, cette pâleur et cette inquiétude. Il est bien l'accusé, un accusé plus durement traité que tout autre, et il va passer, sur le siège qu'il occupe comme partie civile, des minutes aussi pénibles que celles du criminel sur le banc d'infamie.

Cependant notre juré n'a point découvert le prévenu, et la recherche s'éterniserait si le président, ouvrant l'audience, n'enjoignait à cet être invisible de donner ses noms et qualités. Alors, les jurés, surpris, voient se dresser parmi les avocats, un homme endimanché, de mine rassurante et rurale. Il a de grosses mains embarrassées, le visage paisible et même satisfait, dans le contentement d'une journée oisive. Sa physionomie générale, indice de son milieu social, se rapproche sensiblement de la physionomie du juré lui-même, et crée entre eux une sorte de parenté, de sympathie tacite dans ce milieu bruyant et enfiévré auquel ils ne comprennent rien.

Quel est cet homme simple qui, à chaque question, semble tomber des nues? Pourquoi sa vue inspire-t-elle aux stagiaires une hilarité contenue dont le sens mystérieux, échappant aux jurés, augmente leur stupeur? Pourquoi rit-on? Quel est ce personnage?

Serait-ce le célèbre directeur du journal poursuivi? Il n'est pas vraisemblable que cet écrivain si redoutable et si parisien ait pu se constituer cette physionomie paysanne. Est-ce alors l'auteur de l'article? Mais quelqu'un vient de dire que l'article n'est point signé et que l'auteur en est demeuré inconnu. Si cet homme paisible n'est point l'auteur de l'article diffamatoire, ni le célèbre directeur, serait-il le bailleur de fonds, le propriétaire du journal?... Non, le président le dit enfin, ce prévenu unique, ce n'est ni l'écrivain qui a composé l'article, ni le directeur qui l'a inspiré, ni le capitaliste qui l'a rétribué, et qui en a bénéficié si cet article a fait augmenter le tirage ; — ce prévenu, c'est le *gérant*, le « procureur à la prison » !

Depuis près de cent ans que le « gérant » existe dans nos lois sur la presse, qui pourrait affirmer que ces générations de petits négociants qui ont toujours composé le personnel du jury de la Seine aient une seule fois compris très nettement en quoi consiste la « gérance » ? Et il est bien naturel qu'ils n'aient pas compris cette fiction étrange, cette ruse destinée uniquement à couvrir les vraies responsabilités !

Si confuse pourtant que l'institution demeure à leurs yeux, nos jurés finissent au moins par deviner au cours de l'audience que le gérant qu'ils ont sous les yeux est par excellence un homme qui ne gère pas. Au journal il n'est ni celui qui reçoit les articles, ni celui qui les paie, ni celui qui les rédige ; sa fonction est nulle, et, depuis le garçon de bureau jusqu'au célèbre directeur, chacun se mettrait à rire si ce gérant prenait fantaisie de gérer. Les gens accoutumés aux fictions judiciaires connaissent cette comédie, la supportent en haussant les épaules, et finissent par ne plus voir très clairement ce qu'elle a d'étrange et d'immoral. Mais avant de médire de l'indulgence des jurés en matière de presse, qu'on veuille bien songer à l'impression produite sur leurs consciences par l'apparition incompréhensible de cet innocent substitué aux coupables ! Comment ne ressentiraient-ils pas une grande surprise, suivie d'un peu d'indignation ? Quoi ! l'auteur de l'article poursuivi, le directeur du journal sont absents, et c'est sur un pauvre homme, inconscient du délit commis, qu'on leur demande de frapper ? Pour leurs esprits simples la fiction de la gérance se réduit à ces termes, et c'est miracle si en pareil cas le jury n'acquitte pas toujours.

Mais, dira-t-on, dans beaucoup de cas, l'article est signé, et alors le jury se trouve en présence de l'auteur de l'article, c'est-à-dire d'une des personnes vraiment responsables. Sans doute, mais en ce cas encore, le personnage assis à côté de l'écrivain est toujours cet innocent gérant, homme de paille, qui protège, sinon l'écrivain, du moins le directeur réel et le propriétaire du journal, contre les responsabilités effectives, civiles ou pénales.

Dans l'affaire qui nous occupe, le gérant, on le sait, est seul poursuivi, et ce fait a déjà jeté le trouble dans les consciences de nos jurés quand le débat s'engage.

V

Ce n'est point ce débat qui va les raffermir ! Nous n'en suivrons pas chaque péripétie, mais il est clair que tous les défauts que nous avons déjà signalés dans les débats criminels ordinaires se trouvent ici décuplés. Il semble que cette audience ait pour but de faire la lumière sur les faits reprochés au plaignant; mais sauf l'intéressé, qui donc songe à cela ? Dès les premiers mots du premier témoin, le point à juger est oublié et dédaigné. Sans doute on a accusé ce fonctionnaire, mais était-ce de lui qu'il s'agissait ? C'était le gouvernement qu'on visait par-dessus sa tête, ce sont les procédés généraux de l'administration, de la police ou du ministère, qu'on demande aux jurés de flétrir en absolvant le journal accusateur. Le plaignant n'était cité qu'à titre d'exemple; si cet exemple était mal choisi, ou bien un peu exagéré, on le regrette ! Mais le jury connaît-il et approuve-t-il les agissements ordinaires du gouvernement dans des cas analogues ?

C'est sur ce point que la lutte commence. On cite des anecdotes scandaleuses, et s'il s'en trouve une, plus ou moins prouvée, qui excite l'indignation du public, il semble que le journal a cause gagnée. Le ministère et son histoire, le Parlement et la République sont mis en question ; c'est sur des idées générales qu'on appelle les jurés à prononcer. On ne leur demande pas un jugement, mais un ordre du jour.

Et si, d'aventure, parmi ces jurés se trouvent quelques politiciens d'opinions analogues à celles du journal poursuivi, s'ils se laissent aller au désir bien français de « dire son fait » au gouvernement en acquittant ceux qui l'injurient, n'oublieront-ils pas aisément, dans ce débat grossi et dévié, qu'ils déshonorent ainsi le pauvre diffamé confié à leur justice ?

Ce plaignant, cependant, fût-il un député ou même un fonctionnaire, a bien droit à des juges ! Il a droit à ce que les jurés saisis de son affaire prennent le procès où il est, et non où la fantaisie de son adversaire le place. La loi admet qu'il soit un accusé, mais non pas un accusé sans défense !

La loi admet, disons-nous, qu'il soit un accusé, car en matière de diffamation contre les fonctionnaires, le législateur permet, et encourage en quelque sorte par l'impunité, les diffamations reposant sur des faits vrais et démontrés : « Celui qui dénonce à l'opinion des faits vrais appartenant à la vie publique d'un fonctionnaire, a dit M. Georges Barbier, dans son

Code expliqué de la Presse, ne fait qu'user d'un droit politique que la loi reconnaît à tous les citoyens, et l'exercice de ce droit, lors même que celui qui en use obéit à l'esprit de vengeance ou de dénigrement, ne saurait lui faire encourir aucune responsabilité ni pénale, ni civile. »

Nous approuvons cette doctrine, nous voulons la grande lumière qu'elle appelle sur les actes des représentants du gouvernement. Mais si de par la loi il y a ainsi deux parquets en France : le Parquet officiel, et à côté de lui le « Parquet officieux » qui est celui de la Presse ; si ce Parquet officieux jouit de libertés extrêmes pour accuser les fonctionnaires ; s'il peut les attaquer sans précautions et sans enquête, en donnant à ses réquisitoires la portée et le ton d'un arrêt ; si les hommes que ce Parquet dénonce sont ainsi vraiment et légalement des accusés, qu'ils aient du moins les garanties qui s'attachent en tout pays civilisé à une telle situation ! Que ce Parquet officieux qui revendique avec tant de raison pour les citoyens poursuivis par le Parquet officiel les droits sacrés de la défense, les accorde de même à ses propres accusés ! Cette demande à coup sûr n'est pas excessive et on sait pourtant qu'elle est loin d'être exaucée !

En effet si la sauvegarde de l'inculpé contre le ministère public a été médiocrement organisée par nos lois, la sauvegarde des citoyens contre « l'autre Parquet » ne semble pas bien assurée encore. Nous savons qu'avant le procès les jurés ont été prévenus, flattés ou menacés, assaillis de commentaires sur les faits qu'ils auront à juger ; nous constatons maintenant qu'à l'audience, notre accusé, c'est-à-dire le plaignant, voit le champ du procès, le terrain des imputations dont on doit apporter la preuve, tout à coup envahi et débordé de toutes parts par des faits étrangers.

Si ce tableau est vrai, la chose est grave et vaut la peine qu'on y réfléchisse. A une époque où la diffamation et l'outrage contre les fonctionnaires, les députés, les hommes publics du pays sont devenus si fréquents et si violents, est-il supportable que ces hommes ne puissent pas se défendre efficacement, au cours d'un débat libre, mais exactement circonscrit dans les limites de la logique et de la loi ? Il n'est pas tolérable que l'audience soit une arène où chacun ait le droit de tout dire, où l'honneur du plaignant dépende de la solution de je ne sais quelle confuse et tumultueuse bataille politique !

Prenons-y garde, notre pays, par des raisons complexes et multiples, devient de plus en plus une nation de fonctionnaires : il ne mérite pas que l'on fasse de lui aux yeux du monde une nation de fonctionnaires discrédités !

VI

Mais, dira-t-on, à quoi tient cette déviation du débat ? Pourquoi ceux qui sont chargés de le diriger ne parviennent-ils que rarement à accomplir leur tâche ?

Là est le nœud de la question en ce qui concerne l'audience. Dans ces procès de presse plus que dans tous les autres, point de justice possible sans une magistrature forte et indépendante, sans la délégation, à un arbitre respecté et redouté de tous, des pouvoirs que la loi ne peut régler d'avance, et qu'il s'agit de préciser dans chaque espèce. Or, en telle matière possédons-nous toujours cet arbitre sévère, constamment obéi ?

Qui serait surpris que la peur de la presse, sentiment moderne qui glace les plus forts, parvînt quelquefois à paralyser sur son siège un magistrat d'ailleurs courageux ?

Ce président d'assises n'a pas tremblé devant les menaces anarchistes, il a prouvé très simplement alors sa bravoure professionnelle. Aujourd'hui le voilà paralysé, inerte. Il assiste sans mot dire aux scènes tour à tour violentes et ridicules que ce débat

sans maître déroule devant lui. Que craint-il donc ?
Il doit bien comme homme public se soumettre à la
critique, à la censure la plus attentive dans l'exercice
de ses fonctions. Mais ce n'est pas la crainte d'une
telle censure qui pourrait l'arrêter. Ce qui effraie le
plus brave, c'est l'insulte personnelle qui le menace
et qui le guette, qui l'atteindra demain dans son
existence privée, dans ses affections de famille. Car
tel journal qui s'indigne quand la justice criminelle
invoque les antécédents d'un accusé, publiera tous
les racontars sur l'hérédité, les tares familiales de
ceux qui administrent, jugent, gouvernent le pays.
Si dénuée de fondements que puisse être la
calomnie, elle aura toujours quelque effet, car il est
malheureusement trop vrai, comme le disait Rœ-
derer, que si « en Angleterre l'injure intéresse quelquefois en faveur de celui qui la reçoit, en France
elle avilit toujours celui qui la souffre ».

Souffrir l'injure, ou bien faire un procès qui
conduit à un débat semblable à celui que nous dé-
peignons : telle est l'alternative qui s'offre trop souvent en France aux fonctionnaires de tous ordres.
Le président d'assises reste donc muet et sourd, et
dans ce singulier procès, où le plaignant est accusé,
où les coupables restent gaiement dans la coulisse,
où l'accusé officiel est un jouet et un fantoche, où le
juge des faits est caressé, menacé et circonvenu de

toutes manières, où le juge du droit sait par avance qu'il sera traîné aux gémonies, qui donc guidera le débat? qui réprimera les violences, les écarts de parole plus graves à l'audience que dans le journal poursuivi?

Parfois (et ceci montre bien les vices de ce débat, vices dont on rendrait injustement le jury responsable), la diffamation est si énorme, si invraisemblable que le journal poursuivi ne recherche pas, ne peut espérer l'acquittement. Il accepte par avance la condamnation, sachant que, moyennant cette faible indemnité, il pourra sans danger apporter à l'audience des violences effrénées. Et il y réussit! le verdict de condamnation disparaît dans le commentaire du scandale qui l'a précédé : scandale non réprimé, qui ne peut que produire sur le jury la plus démoralisante impression. Les lois ne manquent pas, cependant, pour châtier ces délits d'audience, mais il semble que toute loi perde ici sa vigueur.

C'est dans de telles affaires que la stratégie, les ruses du duel oratoire trouvent le terrain favorable par excellence à leur développement! Ceux des jurés qui sont des politiques sont en proie aux fureurs des hommes de parti; les autres (la majorité), surpris et déroutés devant ce déchaînement de colères, ne savent plus à quoi rattacher le *oui*, le *non* final qu'ils ont à déposer dans l'urne.

Cependant les voici autour du tapis vert, et la situation est plus difficile pour eux qu'elle ne le fut dans aucune autre affaire : « Le prévenu, gérant de tel journal, *est-il coupable* de diffamation ? » Telle est la question unique qu'on leur pose.

Que ceux qui sont portés à railler les jurés, à les taxer d'erreur et de faiblesse veuillent bien réfléchir à toutes les difficultés qui résultent pour eux d'une telle interrogation ! D'abord et avant tout les jurés savent que ce gérant n'est pas, ne peut pas être le coupable, qu'il n'a point reçu, ni lu, ni vu le manuscrit de l'article poursuivi. Quel effort doivent-ils faire pour dire *oui*, pour condamner l'homme de paille, pour accepter cette fiction légale qui veut que, la *publication* constituant le délit, le gérant soit le coupable puisqu'il est le *publicateur !*

Obscurément les jurés sentent que ce qui fait l'infraction, ici comme en toute matière, c'est l'intention délictueuse. Et cette intention, à qui est-elle imputable si ce n'est à l'auteur de l'article, ou bien au directeur qui est l'âme du journal et le *gérant moral* de l'entreprise ? Mais quelle que soit la pensée du juré sur ce sujet, il ne peut échapper au dilemme qui se pose. Il faut qu'il condamne le gérant fictif, ou bien, s'il acquitte, il faut que par là même, et par le fait seul de l'acquittement, il condamne et flétrisse le fonctionnaire contre lequel on n'a produit aucune preuve :

entre deux innocents la loi lui donne à choisir. Il faut qu'il frappe l'un ou qu'il frappe l'autre. Soyez donc étonné, si la décision du jury, quelle qu'elle soit, déplaît à tout le monde ! Que feraient à sa place douze hommes de génie?

En un tel embarras, et même au cas où le prévenu est l'auteur de l'article, les jurés voudraient souvent avoir quelque moyen d'acquitter tout le monde, d'absoudre le journal sans flétrir sa victime. Après tout, pensent-ils parfois, le prévenu et le plaignant nous plaisent assez l'un et l'autre ; ce sont de braves gens qui ne s'entendent pas; l'un (l'accusé, le journaliste) est un rêveur qui était de bonne foi quand il a écrit son article, l'autre est un homme sérieux et de grand mérite. Comment ne faire tort tort ni à l'un ni à l'autre? Puisque la loi ne nous permet pas d'exprimer toute notre pensée, essayons par un biais de nous faire comprendre. Condamnons, mais avec des circonstances atténuantes, et peut-être un recours en grâce !

Cette solution sans doute n'a pas grand sens, mais elle montre de la part du juré un désir touchant de ne pas nuire, et surtout elle révèle la situation si fausse dans laquelle on place ces honnêtes gens. La question unique qu'on leur pose contient des éléments complexes ; la résoudre par *oui* ou par *non* constitue souvent une impossibilité. Il faudra bien arriver à fournir à ces hommes la possibilité d'exprimer les idées diverses qui s'offrent à leur jugement, au lieu de les contraindre à se renfermer dans un obscur monosyllabe !

Actuellement leur perplexité est extrême et elle augmente encore quand ils se préoccupent des conséquences de leur verdict, des peines qui seront prononcées s'ils condamnent. Dans notre affaire le gérant seul est poursuivi, et c'est miracle s'il n'est pas acquitté. Si ce miracle se produit le gérant sera mis en prison, il ne paiera pas l'amende, et personne n'aura à la payer pour lui. Voilà en vérité un beau résultat, aussi capable de prévenir la calomnie que d'inviter les jurés à la réprimer avec suite !

Mais si l'auteur de l'article est présent et condamné ? En ce cas il fera de la prison et il y aura alors une répression. Mais, sera-t-elle utile et efficace ? En matière de presse, on s'accorde aujourd'hui à reconnaître que la prison n'est pas une peine très appropriée, que les peines pécuniaires seraient d'un meilleur effet. Substituer de fortes amendes et de sérieuses réparations civiles à des séjours plus ou moins prolongés dans les cachots de Sainte-Pélagie est une idée qui ne rencontre guère que des approbateurs. Mais dès qu'il s'agit de la mettre en pratique, mille obstacles s'élèvent.

D'abord la loi, par le tarif de ses amendes, montre qu'elle répugne aux peines pécuniaires. Ce qu'elle veut, c'est la kyrielle de ces condamnations à seize ou vingt-cinq francs, qui se récitent au bout des décisions comme une prière accessoire, à laquelle on ne veut pas manquer, mais dont la portée et le sens sont égarés depuis des siècles. Ainsi les magistrats obéissent à des tendances anciennes et invétérées, en se tenant dans l'application de l'amende aux environs du minimum, et en n'accordant presque jamais de forts dommages-intérêts. D'ailleurs l'opinion publique (la même qui semble reconnaître l'efficacité des peines pécuniaires en matière de presse) les réprouve d'autre part à cause du *point d'honneur*. Ce point d'honneur, ou, si l'on veut, ce préjugé, empêche en général le plaignant de demander des dommages-intérêts. S'il le fait, il aura soin par divers procédés d'expliquer aux jurés, aux journaux et au public qu'il n'entend nullement en profiter, qu'il destine cet argent aux pauvres !

Donc, chacun en France est bien d'avis qu'il faudrait appliquer en matière de presse de sérieuses peines pécuniaires... Seulement, la question des dommages-intérêts n'est pas soumise au jury, la loi édicte des amendes minimes, les magistrats tiennent pour la prison, et le plaignant se déshonore s'il demande autre chose qu'un franc de réparation !

Ajoutons que si par miracle l'arrêt condamne le journal à des dommages-intérêts ou à une forte amende, le gérant insolvable ne paiera jamais; l'écrivain ne paiera peut-être pas davantage, et les propriétaires du journal, nous l'allons bientôt voir, ne seront que trop protégés contre les recours de ce genre.

Tel est donc de nos jours dans ses traits principaux un procès de presse devant le jury, et on reconnaîtra qu'après un débat semblable à celui que nous avons dépeint, les erreurs des jurés ne sont pas surprenantes. Le prodige est qu'ils puissent parfois trouver le droit chemin. A-t-on constaté souvent ce prodige? Examinons à ce point de vue les résultats qu'ont pu donner depuis la loi de 1881 les poursuites devant le jury.

VII

Est-on jamais d'accord en fait de statistique? et qui pourrait se flatter de répondre avec une exactitude absolue à cette question : Depuis la loi de 1881, le jury, statuant en matière de presse, a-t-il fait preuve, oui ou non, de l'extrême faiblesse qu'on lui attribue si généralement? Sans prétendre trancher cette question difficile, traçons, au moyen de quelques chiffres non suspects, le tableau des poursuites de presse devant la Cour d'assises depuis la loi de 1881, avec leurs résultats :

Périodes quinquennales.	Prévenus de délits politiques et de presse jugés par les Cours d'assises	Acquittés.		
De 1881 à 1885.	284	153..	soit.. 53 p. 100
De 1886 à 1890.	273	140..	— .. 51 —
De 1888 à 1892.	319	96..	— .. 30 —

D'un tel tableau, il paraît résulter que le raffermissement de la répression est caractéristique et rapide. Aussi lisons-nous les lignes suivantes dans le rapport de M. le Garde des sceaux sur la justice criminelle pour l'année 1892 : « *Les délits politiques et de presse ont une nature et une allure si spéciales qu'il convient de les mettre à part. Sur 92 prévenus jugés par les Cours d'assises en 1892, 20 seulement ont été acquittés, soit 22 acquittements sur 100 accusations, proportion inférieure à la moyenne générale qui est, nous l'avons dit, de 29 p. 100* [1]. »

1. Voici, pour la période quinquennale de 1888 à 1892, un tableau des poursuites devant le jury et de leurs résultats en matière de presse.

	Années.				
	1888	1889	1890	1891	1892
Prévenus jugés.	36	57	65	69	92
— acquittés. . . .	15	22	23	16	20

Ainsi les jurés, du moins en 1892, se sont montrés plus sévères pour les prévenus de délits de presse que pour les criminels de droit commun. Regardons le détail de quelques-unes des affaires de presse que les Cours d'assises ont examinées dans cette année instructive :

Délits de presse devant les Cour d'assises en 1892.	Prévenus.	Acquittés.
Diffamations envers les fonctionnaires.	26	12 soit 46 p. 100
Provocation aux crimes de meurtre, de pillage, etc.	35	3 — 3 —
Provocations à l'indiscipline adressées à des militaires, injures à l'armée.	22	2 — 8 —

De ces chiffres on peut, avec réserve, dégager quelques conclusions.

Ce qui frappe d'abord, c'est le nombre infime des poursuites, en ces années où le nombre des délits, et spécialement des diffamations, n'a certes pas été décroissant. Mais en ce qui concerne la responsabilité personnelle du jury, nul à coup sûr ne saurait conclure de tels chiffres [1] que nos jurés contem-.

---

1. Pour être complet et sincère, il convient d'observer que la dernière statistique criminelle parue, celle qui est relative à l'année 1893, a donné lieu, dans le rapport officiel, à l'observation suivante : « Les poursuites pour délits politiques et de presse, qui avaient suivi une progression ascendante de 1888 à 1892 (de 36 à 92 prévenus), sont entrées dans une voie décroissante en 1893 (67 prévenus) et la proportion des acquittements, qui était de 31 p. 100, a beaucoup augmenté ; elle a été, en

porains soient enclins à ces acquittements systéma-
tiques que d'autres temps [1], d'autres régimes ont
connus. Qu'on veuille bien songer aux jurés de 1831 :
à la *Tribune* 111 fois poursuivie et 91 fois acquit-
tée ; à Thouret, gérant de la *Révolution*, 30 fois poursuivi et 22 fois acquitté ; à Degouves-Denuncques,
rédacteur du *Progrès du Pas-de-Calais* 24 fois poursuivi et 24 fois acquitté ; à Évariste Gallois envoyé à
la Cour d'assises pour avoir brandi un poignard en
s'écriant : « A Louis-Philippe, s'il trahit ! » et acquitté triomphalement ! Ces temps ne sont plus,
quoi qu'on en puisse dire ; et il n'est pas paradoxal
d'affirmer que, lentement, le jury fait son éducation.

En tout cas, il faut convenir que dans ces quinze
dernières années, malgré les conditions si défavo-

1893, de 50 p. 100. » Ajoutons que ces constatations ne sont
nullement décisives pour savoir si le raffermissement dans la
répression qui s'est dessiné de 1883 à 1892 tenait ou non à des
causes passagères, car elles portent sur une année seulement ;
il faut attendre, pour pouvoir en juger, les résultats d'une
nouvelle période quinquennale.

1. Et d'autres pays, notamment l'Angleterre... A Londres,
vers 1771, les jurés étaient dans un tel état d'esprit qu'on ne
pouvait obtenir d'eux une condamnation en matière de presse.
Lecky et tous les historiens nous disent que la licence de la
presse était alors extraordinaire. « Aucun rang, aucune vertu
publique ou privée ne mettait à l'abri des plus honteuses attaques... » et les magistrats, lord Mansfield par exemple, se
gardaient bien de traduire leurs diffamateurs devant le jury,
de peur d'acquittement... Est-ce que les Anglais ont songé à
enlever au jury la connaissance des délits de presse ?

rables dans lesquelles il a fonctionné, il n'a pas commis de fautes assez graves pour mériter sa condamnation.

Il conviendrait pourtant de lui créer une tâche moins difficile, de lui donner la possibilité de rendre de plus fréquents et de plus utiles jugements. Comment y parvenir?

Nous allons, dès maintenant, aborder l'étude de ce problème redouté. Nous allons, dès maintenant, avant de développer nos conclusions générales, dire quelles réformes spéciales nous paraissent urgentes sur ce point.

CHAPITRE VII

Amélioration des lois sur la presse. — Trois doctrines : l'impunité, la répression par le Tribunal correctionnel ; la répression par les juges populaires. — École de l'impunité : ses
partisans ; Girardin. — En fait, cette école triomphe par la
loi de 1881. — La presse jugée par le Tribunal correctionnel ; sophisme du *retour au droit commun*. — Dangers de
cette doctrine, son impuissance. — Laissons la juridiction de
la presse aux juges populaires. — Le rêve d'Émile Augier,
une juridiction de famille. — Jurys spéciaux. — Point de
cautionnement ; point de mesures préventives. — Établissement des responsabilités réelles ; destruction de la gérance
fictive. — La liberté sous la loi.

Que de systèmes ont été préconisés pour améliorer
nos lois sur la Presse ! Leur seule énumération serait
fastidieuse et interminable. Ces systèmes, cependant,
peuvent se classer en trois groupes, se rattacher à
trois doctrines bien distinctes.

La première de ces doctrines est celle de l'impunité absolue. Ses partisans ne reconnaissent ni l'au-

torité du jury ni celle d'aucun autre tribunal pour juger les délits de plume. A leur avis, la Presse est impuissante, et d'ailleurs, ne le fût-elle point, toute répression serait vaine. On réfute un journal, on ne le châtie pas.

Les partisans du second système réclament, au contraire, une ferme répression, et ils ne croient pouvoir l'assurer qu'en remettant le jugement des délits de Presse aux Tribunaux correctionnels.

Le troisième système consiste à laisser le jugement de ces délits à nos magistrats populaires.

Examinons les arguments de la première école : celle de l'impunité absolue.

I

Cette école a compté d'illustres défenseurs et elle possède aussi, il faut le reconnaître, quelques arguments séduisants. « Toutes les lois sur les délits de presse sont et demeurent abrogées, » telle est la proposition législative à laquelle elle aboutit en 1876.

Le grand maître de cette école, Émile de Girardin, aimait à dire : « La presse sans l'impunité, ce n'est pas la presse libre, c'est la presse ayant pour juges l'arbitraire, l'ignorance et l'intolérance. »

Ce qu'il faut bien remarquer, c'est que cette doctrine, repoussée en principe par le législateur de
1881, l'a, en fait, pénétré et enveloppé ; elle a exercé
sur lui une influence telle que, soit par les vices
presque volontaires de sa construction, soit par l'esprit qui devait présider à son application, notre
nouveau code de la Presse masque et déguise à peine
depuis quinze ans, sous ses lignes correctes d'édifice
pénal, le triomphe de fait du système de l'impunité.
Cette assertion est-elle exacte ?

Il suffit pour s'en rendre compte de relire les
discussions qui ont précédé le vote de la loi de 1881.
« Si nous faisons une loi pour ne pas l'appliquer
disait M. Allain-Targé, partisan de l'impunité décla-
rée, si nous y insérons des pénalités pour ne pas
nous en servir, tout cela est bien inutile ! »

Mais comment l'orateur pouvait-il supposer que la
loi ne serait pas appliquée ? C'est qu'à l'heure où il
parlait, les premiers articles votés avaient déjà rendu
la répression illusoire. « Nous avons, disait M. Allain-
Targé, détruit, désorganisé, supprimé à tout jamais
ce qui pouvait être la responsabilité. A l'heure qu'il
est, tout le monde, pourvu qu'il ait vingt ou trente
francs dans sa poche, peut publier un journal qui
aura un, deux, trois numéros ; tout le monde peut
publier un libelle, peut même l'afficher, le faire
distribuer par qui il voudra ; pourvu qu'il ait un

gérant irresponsable et insolvable, il est parfaitement à couvert de tout. »

Il est clair que dans ces conditions il était bien superflu d'inscrire des pénalités dans la loi! L'orateur s'applaudissait d'ailleurs de ce résultat obtenu. « Ne compromettez pas, s'écriait-il, le *bénéfice de l'impunité* que le gouvernement pratique depuis deux ans et demi! Il y a un fait nouveau, et ce fait, c'est que le gouvernement est outragé de la manière la plus odieuse, et il y a un fait ancien, c'est que nous, les républicains, nous avons été depuis dix ans assaillis par les calomnies de toute nature. On a cherché de toutes les manières à nous déshonorer, sans que nous ayons voulu provoquer des poursuites contre qui que ce soit... Et nous ne nous en portons pas plus mal... La France, concluait-il, *s'habitue à la licence de la presse*, l'opinion publique se charge de défendre la société, les grands intérêts de l'État, et aussi la réputation des hommes politiques, de tout le monde; et il est bien heureux que l'opinion publique se charge de ce soin, parce que la répression y échouerait. »

Ces idées avaient dans le Parlement des défenseurs convaincus, et ceux-ci, dans les cas difficiles, en appelaient au président de la commission, à Émile de Girardin. Ce dernier répétait ses célèbres remarques où tant de vérités sont mélangées à tant d'erreurs : « Pourquoi réprimer quand on peut réfuter ? » Et encore : « Les régimes politiques qu'un courant entraîne croient que ce sont les journaux qui les emportent, comme les enfants croient, lorsque la voiture dans laquelle ils se promènent est en mouvement, que ce sont les arbres qui marchent. » Quant à la calomnie, il n'y a qu'à opposer le dédain « aux ivrognes de la presse », à mettre toujours la vérité pour soi, « car il n'y a qu'elle qui ait la puissance de nuire quand elle vous est contraire ». Sur ce point, Jules Simon allait plus loin encore que Girardin : « Si vous voulez comprendre et appliquer la liberté, disait-il, il faut que vous fassiez disparaître le droit pour le dépositaire de la puissance publique d'être défendu contre l'injure. Je dirais volontiers que le fonctionnaire *a droit à être injurié* et à être défendu par ses actes, par sa droiture, et non par la puissance de la loi. »

C'est bien là la théorie que plusieurs hommes politiques cherchaient à faire prévaloir par leurs amendements. Le Parlement ne les a pas, sans doute, entièrement suivis, mais leurs idées circulent dans des textes qui, pour la plupart, ne semblent pas conçus et agencés en vue d'une ferme application. On s'est borné à conserver au nouveau Code de la presse quelque apparence répressive, à en faire, comme disait un député, une « loi de prévoyance. » Quelques-uns espéraient que son aspect, son uniforme de loi pénale suffirait à inspirer à la presse une salutaire terreur. « La crainte du jury, déclarait M. Ribot, sera le commencement de la sagesse. » Mais, à la vérité, les plus prudents parmi les membres de la majorité de la Chambre étaient eux-mêmes tentés de se prêter à l'expérience recommandée par Girardin : « En matière de presse, il n'y a qu'une idée dont la justesse n'a pas encore été vérifiée par l'expérience : c'est son impunité *basée sur son impuissance* ». Comment, d'ailleurs, ne pas comprendre que la pensée d'un tel essai ait pu hanter beaucoup d'intelligences ? Ce siècle a vu, en fait de répression, tant d'expériences avortées, tant de tentatives tragiques !... Par excès de logique, et par amour de pure symétrie, il était bien tentant (en même temps qu'aimable pour beaucoup d'intérêts que l'idée de l'impunité de la presse groupera longtemps encore) de virer entièrement de bord.

Aujourd'hui l'expérience est faite. Faut-il la continuer ?

Et d'abord, y a-t-il autant de gens qu'il y en avait alors pour soutenir le principe fondamental de l'école de l'impunité : à savoir que la presse est impuissante ?

Sans cette affirmation de l'impuissance de la presse, son impunité est inadmissible ; or c'est là une théorie qui, depuis quelques années, devient difficile à soutenir! Pour le bien et pour le mal, la presse est devenue une des plus grandes, peut-être la plus grande des puissances modernes. Dans les questions les plus hautes de la politique internationale, dans les conjonctures les plus graves au point de vue de la paix du monde, « la presse, disait récemment M. de Pressensé, a joué un rôle qui semblait jusqu'ici exclusivement appartenir aux gouvernements constitués ». A l'occasion du conflit anglo-américain, n'a-t-on pas vu le directeur d'un journal de New-York organiser un plébiscite en faveur du maintien de la paix, et recevoir à ce sujet des télégrammes de souverains?

Au point de vue de son influence sur la politique intérieure, et sur la vie des hommes publics, dira-t-on aujourd'hui que la presse est impuissante à flétrir, à ruiner par des violences calculées un fonctionnaire, un homme politique, une assemblée, un chef d'État[1]? Et si on reconnaît cette immense puissance, par quelle anomalie serait-elle déchaînée au milieu de la société, jouissant du privilège exorbitant d'être irresponsable de ses fautes[2]?

1. A un autre point de vue, dira-t-on que la marée montante des productions pornographiques n'est pas d'une puissante influence pour le mal d'un pays? qu'elle n'atteint pas le cerveau d'un peuple, les mœurs de ses enfants?

2. Gambetta a dit, en 1879, dans une célèbre affaire de diffa-

Mais, répondront les partisans de l'impunité, la répression est impossible !

Si le mal est certain et reconnu, l'effort pour y porter remède, eût-il cent fois échoué, devrait sans cesse se poursuivre ; et cette considération suffit à faire rejeter les conclusions de l'école de l'impunité, qui tendraient à supprimer le jury sans lui donner de successeur.

II

Examinons maintenant le second système, celui qui, voulant une répression sérieuse et efficace, ne croit possible de l'assurer qu'en donnant aux tribunaux correctionnels la connaissance des délits de presse actuellement déférés au jury.

Ce système, qui remettrait en vigueur la loi de 1875, a été soutenu, il y a six ans, devant les deux Chambres, et n'a rencontré aucun succès devant l'une d'elles. Il a néanmoins des partisans nom-

mation : « Si vous ne protégez pas efficacement l'honneur et la réputation des personnes, tout le monde se sentant à la merci du premier venu, nous verrons naître des *mœurs horribles* qui donneront à chacun de nous la tentation de se protéger soi-même par la brutalité et la violence. »

breux ; c'est lui qui, en cas d'échec définitif de la juridiction libérale de la Cour d'assises, ralliera tôt ou tard un grand nombre de suffrages, et marquera par son succès le retour périodique vers les pratiques autoritaires, dont les étapes sont connues, et dont la censure est le but.

Les partisans de la juridiction correctionnelle ont, aussi bien que ceux de l'impunité totale, des arguments plausibles à fournir ; mais, à notre avis, ils sont dans l'erreur quand ils cherchent à justifier leurs vues en répétant qu'elles consacreraient le *retour au droit commun,*

Il n'y a pas de formule dont on ait plus abusé que de cette phrase célèbre, qui depuis quatre-vingts ans défraie tous les propos, les discussions et les discours sur la presse. Et ce qui peut surprendre, c'est que ce « droit commun », véritable Protée, change sans cesse de sens et de forme : tantôt il est la liberté, tantôt il est la servitude, mais il est toujours le *droit commun.* En quoi le « retour à la correctionnelle » pourrait-il constituer ce célèbre « retour au droit commun » ?

Voici la théorie. On s'est avisé que le tribunal correctionnel est la juridiction des *délits,* tandis que la Cour d'assises est la juridiction des *crimes.* Ce serait donc par une sorte d'exception, de privilège, d'accroc au *droit commun* que les infractions de la presse, qui sont des *délits*, seraient déférées aux Cours d'assises qui, d'après la loi, sont juges des *crimes*. Tel est le raisonnement.

Il serait irréprochable si notre Code pénal avait pris la peine d'étudier les infractions au point de vue de leur gravité, et de définir scientifiquement le délit et le crime. En ce cas, les infractions les plus graves seraient, sous le nom de *crimes*, déférées à une juridiction, et les moins graves seraient, sous le nom de *délits*, déférées à une autre : il serait alors exceptionnel qu'une infraction scientifiquement classée dans les délits à raison de son peu de gravité fût renvoyée devant la Cour d'assises.

Mais chacun sait qu'il n'en est pas ainsi et que, malheureusement, notre division tripartite des faits punissables en crimes, délits et contraventions, est purement arbitraire, empirique, et ne correspond à rien de rationnel. Rossi dénonçait déjà vers 1830 l'absurdité de ce système, mais il est toujours debout. Même, les distinctions imaginées par le Code de 1810 sont devenues aujourd'hui d'autant plus arbitraires que, par suite de circonstances que nous avons indiquées, la plupart des crimes déférés au jury sont punis de peines correctionnelles. Il n'y a donc pas d'attribution rationnelle et philosophique de compétence. L'infraction de la presse appartient au jury parce qu'elle lui est déférée par la loi ; et il n'y

a rien dans l'économie générale de notre Code qui
rende plus normale et plus harmonieuse la juridiction correctionnelle en pareille matière.

J'ajoute qu'il ne faudrait jamais perdre de vue,
dans ces questions (et on le fait constamment), que
la juridiction pénale ordinaire et normale de ce pays,
la juridiction pénale de droit commun suivant la loi,
c'est le jury. C'est en le dépossédant qu'on a fait à
ce *droit commun* des exceptions plus ou moins heureuses.

Ce point de vue, d'ailleurs, est secondaire aux yeux
des partisans du tribunal correctionnel, dont le but
véritable n'est pas le rétablissement de l'harmonie
dans notre jurisprudence! Ils proscrivent le jury
comme juridiction *qui acquitte*, et cherchent dans le
tribunal correctionnel une juridiction *qui condamne*.
Sur ce point, il faut l'avouer, leurs arguments sont
assez forts! On se souvient que sous l'Empire, toutes
les poursuites correctionnelles, à part un nombre
infime d'exceptions, ont été suivies de sévères condamnations. Cela est tentant, à première vue, pour
ceux qui jugent que l'impunité de la presse avec le
jury est certaine.

Qu'ils envisagent cependant les inconvénients du
système! Qu'ils se souviennent de ce que les républicains disaient aux magistrats du second Empire :
« Le gouvernement, fatalement, arrive à s'attribuer

le droit de choisir lui-même parmi tous les magistrats d'une Cour ou d'un tribunal, ceux qui devront
prononcer entre la presse et lui. » — « Un juge
chargé de juger les délits de presse passera toujours
pour être un instrument de domination, *instrumen-
tum regni*. » C'était l'opinion de M. de Serre, de
Chassan et de tant d'autres, qui ont montré combien l'attribution des procès de presse aux tribunaux
correctionnels est contraire aux véritables intérêts
de la magistrature. Et les intérêts de la magistrature
sont ici ceux de la justice et de la nation même.
Quel péril dans une démocratie qu'une magistrature
dépendante ou supposée telle ! Dans un pays où les
partis se disputent le pouvoir et peuvent l'obtenir
tour à tour, il y aurait non seulement une magistrature politique, mais plusieurs camps, bientôt plusieurs factions dans cette magistrature !

Mais, objectera-t-on encore, ces maux seront com-
pensés par les avantages d'une répression constante
et efficace.

Serait-on même sûr de cette répression ? Ceux
qui rêvent imprudemment de ces années du second
Empire où les tribunaux condamnaient toujours,
et qui établissent un saisissant contraste entre la
rigueur des juges et la mollesse des jurés, pourraient bien avoir quelques surprises si leur système
venait à prévaloir aujourd'hui. L'habitude des courtes

peines, des amendes insignifiantes, des dommages-intérêts dérisoires n'est pas actuellement le fait du jury, qui n'a qu'indirectement à statuer sur toutes ces choses. S'il y a faiblesse dans les applications de la loi, on peut demander aux hommes d'expérience si cette faiblesse n'est pas universelle, et ne suit pas une marche en quelque sorte parallèle dans la magistrature et dans le jury.

D'ailleurs, en admettant que ceci soit inexact, et que le jugement de la Presse par le tribunal correctionnel dût amener aujourd'hui une ère de condamnations aussi suivies et rigoureuses que celles qui ont été prononcées sous l'Empire, croit-on que ce système s'établirait chez nous, en 1897, sans entraîner les conséquences les plus graves? Peut-on, au milieu d'un régime de suffrage universel, de liberté politique totale, reprendre tout à coup, sur un seul point, une des méthodes caractéristiques des gouvernements personnels?

Les régimes qui ont imposé à la presse la juridiction correctionnelle disposaient de moyens de compression dont il n'existe plus trace. Que le gouvernement prenne aujourd'hui la responsabilité directe du jugement des journaux, quels embarras inextricables ne se créera-t-il pas? De combien d'interpellations, de chutes de ministères une telle mesure sera-t-elle la source!

Nous avons dit ailleurs qu'il est déjà fâcheux que, par la situation un peu trop dépendante du président d'assises, par l'ingérence un peu trop active du ministère public, le gouvernement prenne quelque apparence de participation au jugement des affaires criminelles... Que serait-ce, grand Dieu! le jour où ce gouvernement assumerait, en quelque sorte officiellement, la responsabilité des jugements, et cela dans une matière aussi délicate!

Acceptons donc le jugement de la presse par des magistrats populaires. Avec son impartialité certaine, une juridiction de cette nature est la seule qui dégage les gouvernements et rassure les citoyens dans un pays libre.

III

Mais quelle forme donner à cette juridiction? Son organisation peut se comprendre de bien des manières, et l'on a proposé notamment diverses formes de jurys.

D'abord, certaines âmes sentimentales, un peu naïves sans doute, ont souhaité, pour juger la presse, une sorte de jury d'honneur, ou plutôt un conseil de discipline composé d'écrivains et exerçant sur les journalistes, groupés en Ordre ou en Corporation, une juridiction de famille. C'est d'un tel jury qu'Émile Augier faisait le rêve. On se souvient des *Effrontés* : « Si les journalistes ne constituent pas, comme les avocats, un Conseil de l'Ordre, la Presse est perdue... » Est-il besoin de dire qu'une juridiction de discipline, assez ferme et puissante pour imposer ses lois aux journalistes, assez souple pour ne gêner en rien une profession dont la liberté est l'essence, serait la juridiction idéale ? Tous les amis de la presse doivent souhaiter l'accomplissement de ce rêve de *self-government*. Mais, à en croire la réalisation prochaine, ils risqueraient sans doute de paraître ingénus.

Le temps n'est plus où la presse française était une petite confrérie, où les partis connaissant leur presse, ayant un petit nombre de journaux, faisaient eux-mêmes leur discipline. Qu'on songe que dans les dernières années de la Restauration il n'y avait en tout, à Paris, que douze journaux, comptant ensemble moins de 60 000 abonnés[1]. Aujourd'hui la presse périodique parisienne comprend 2 401 or-

---

1. A la fin du gouvernement de Juillet, et dix ans environ après que Girardin eût révolutionné la presse en créant le journal à quarante francs, il se publiait à Paris vingt-six journaux quotidiens, comptant 200 000 abonnés.

ganes, et la presse provinciale, d'existence et de prospérité si récentes, en comprend 3 386.

Tel est le peuple immense auquel il faudrait qu'une juridiction de famille imposât une discipline ! Comment s'y prendrait-elle ? Il est inutile de se dissimuler que la plupart des journaux vivent aujourd'hui de la publicité, et sont par conséquent dans une tutelle financière qui rend plus chimérique encore l'aimable rêve d'Émile Augier.

Renonçons donc pour le moment au Conseil de l'Ordre de la presse. C'est un autre jury qu'il nous faut, mais lequel ?

IV

Il y a une idée qui, depuis cent ans, a fait son chemin dans quelques cerveaux, mais qui en est rarement sortie pour faire son chemin dans le monde, c'est celle d'un jury spécial applicable à la presse. Cette idée, qu'il ne faut pas confondre avec le projet fantaisiste d'un jury d'honneur, est sérieuse et mérite au moins d'être discutée.

Observons tout d'abord que cette expression de « jury spécial » correspond aux théories les plus diverses.

En Angleterre, la principale et on peut dire l'unique différence entre le *juré commun* et le *juré spécial*, c'est que le premier est choisi par les juges de paix sur la liste des citoyens qui ont un revenu de quinze livres, tandis que le second est choisi parmi ceux qui ont un revenu net de deux cents livres [1]. C'est à la partie qui veut un « jury spécial » à le réclamer et à le payer. En matière de presse, ce jury spécial est généralement accordé. La base de cette institution, on le voit, est exclusivement censitaire.

Ce n'est point assurément une idée de ce genre qui guidait Sieyès lorsque, le 20 janvier 1790, il proposait à l'Assemblée constituante, pour réprimer les délits de presse, un jury spécial composé de dix jurés jugeant le fait et « choisis par le procureur syndic parmi les auteurs ». Cette proposition exaspéra Marat ; elle encourut aussi le blâme de Camille Desmoulins, et eut pour résultat de rendre son auteur suspect. Mais la loi du 27 septembre 1791, qui organisait le jury, admit dans de certaines matières, celle du faux et celle de la banqueroute, le principe des jurés spéciaux « ayant les connaissances techniques relatives au genre du délit ». Le Code du 3 brumaire an IV réalisa un instant le rêve de Sieyès, en déclarant qu'il y aurait des jurés spé-

1. *The jury laws and their amendment*. T. W. Erle, London, 1882 ; et *Juryman's Handbook*.

ciaux, fruit d'une sélection administrative, pour juger notamment les *écrits imprimés*.

Mais ces idées, bien qu'acceptées et défendues par Sieyès, Merlin et Daunou [1], n'eurent réellement aucun succès.

Bien plus tard, à la fin du second Empire, elles furent reprises par Prévost-Paradol. « Si pourtant, disait-il dans la *France nouvelle*, le jury ordinaire inspire encore des défiances, si l'on craint qu'il ne manque trop souvent de fermeté ou de lumières dans ces affaires délicates, rien n'empêche de mettre à l'épreuve le système d'un jury spécial pour les délits de presse. On pourrait former la liste de ce jury spécial, pour chaque ressort de Cour, soit avec les noms de tous les conseillers généraux, soit en joignant à ces noms ceux des conseillers à la Cour d'appel. A Paris, où les affaires de presse ont plus d'importance, on pourrait agrandir et relever cette liste en y ajoutant les noms des membres de l'Institut. »

Quels résultats produiraient ces jurys ingénieusement mélangés ? Que valent ces combinaisons et que vaudrait telle ou telle autre parmi celles qu'on peut imaginer à l'infini ?

Nous croyons, quant à nous, qu'il ne faut pas

---

1. Daunou, moins radical que Sieyès, n'aurait pas composé ce jury de la presse exclusivement d'*auteurs*, mais d'un mélange d'*hommes de loi* et d'*hommes de lettres*.

risquer de rompre l'unité de la justice nationale en multipliant les catégories de juridictions. D'ailleurs, nous ne croyons pas qu'un jury d'auteurs, c'est-à-dire de confrères, puisse être pour l'écrivain et pour la société autre chose qu'une juridiction dangereuse et passionnée. Mais il pourrait être bon que, dans chaque affaire de presse, un ou deux hommes de lettres, choisis sur une liste dressée à cet effet, vinssent apporter au délibéré un élément renseigné et technique.

Nous dirons, dans la conclusion générale de cette étude, ce que devra être, d'après notre système, ce délibéré. Nous dirons qu'à nos yeux il convient de déférer les délits de presse, ainsi qu'un grand nombre d'autres délits, à un tribunal populaire d'une forme encore inusitée en France : à un Tribunal d'*échevins*, juges citoyens siégeant à côté des magistrats et statuant avec eux sur le fait et le droit... Occupons-nous ici seulement des mesures spéciales au régime de la Presse qui pourraient faciliter la tâche de ce Tribunal.

V

Avant tout, nous l'avons démontré, l'impunité actuelle des délits de plume ne vient pas de ce que

le jury acquitte leurs auteurs quand ils lui sont déférés ; elle tient surtout à ce fait que, pour des raisons
multiples, ces infractions ne sont pas poursuivies.
C'est là une « question préalable » bien grave. A quoi
bon tenter d'améliorer la juridiction de la presse si
elle ne doit être saisie que de rares affaires[1], si elle
doit rester ce qu'elle est : une arme de parade rouillée
et dangereuse ?

Mais serait-il possible, en matière de diffamation contre les personnages publics par exemple,
d'introduire dans les poursuites quelque suite et
quelque régularité ?

Un honorable magistrat s'exprimait ainsi, récemment, sur ce point délicat[2] : « Le ministère public
doit poursuivre, même d'office et sans plainte, la
répression des diffamations contre les fonctionnaires... Je veux que la défense de l'honneur du
fonctionnaire auquel un fait précis est imputé soit
non pas un droit, mais un devoir. S'il ne mérite pas
d'être défendu par l'action du ministère public, qu'il
sorte de l'administration[3] !... »

1. En 1892, il y a eu, pour toute la France, 26 poursuites
pour diffamation envers les fonctionnaires.

2. M. Burdin de Péronne, *De la diffamation des fonctionnaires
publics* ; Amiens, 1895. p. 33.

3. Ce système trop absolu avait pour défenseur, en 1867, le
duc de Persigny. Dans une « note à l'Empereur », il allait
jusqu'à déclarer « qu'il ne faudrait pas un mois » pour décou-

Il est clair cependant qu'il y a des cas nombreux où il est difficile de concevoir que la poursuite puisse avoir lieu sans la plainte de la partie intéressée, d'un ministre, par exemple ; et à un point de vue plus général, il y aura toujours, dans l'application des lois sur la presse, une mesure à garder. « La poursuite constante, régulière et inéluctable, disait M. Ribot, en 1881, c'est une idée de magistrat, ce n'est pas une idée de garde des sceaux. » Cela est surtout vrai quand il s'agit de délits d'opinion. En matière de diffamation contre ceux qui gouvernent ou représentent le pays, il serait pourtant désirable que le procès devînt la règle au lieu d'être l'exception. Quels moyens employer pour arriver à ce but ?

Le meilleur à coup sûr, est l'adoption d'un ensemble de mesures propres à encourager les plaintes ou les citations directes, en rendant les procès plus prompts, moins coûteux et de résultat plus sûr. Le Français n'a pas plus qu'un autre le goût d'être diffamé, et le jour où il aurait à sa portée un moyen pratique de faire condamner son diffamateur, il ne manquerait pas d'y recourir ! Jusqu'à ce jour, on a pu dire qu'il faut qu'un fonctionnaire ou un dé-

rager les diffamateurs si, à chaque insulte, on les mettait « en présence d'une poursuite certaine, inévitable ». Mais au conseil, MM. Rouher, Baroche et Troplong se montrèrent opposés à ces idées, et elles furent abandonnées.

puté soit bien audacieux, bien patient et bien opulent pour tenter un procès devant la Cour d'assises. En effet, même après avoir triomphé de son accusateur, il se trouve, la plupart du temps, contraint à payer les frais du procès! Une proposition de loi tout récemment adoptée à la Chambre des députés va bientôt porter remède à cette situation. Ce sera un pas fait dans la voie des réformes pratiques où il faut s'engager résolument.

Une de ces réformes, bien facile et logique, est l'extension du droit de citation directe. Aujourd'hui, un fonctionnaire, un juré ou un témoin diffamé peuvent citer directement leur adversaire : une administration publique, un député ou un sénateur ne le peuvent pas. Il faut abolir ces distinctions sans fondement et faciliter ainsi les procédures. Il faut aussi, et c'est un des éléments essentiels de progrès, leur donner plus de rapidité. Nous exposerons dans nos conclusions générales les procédés qui nous paraissent propres à assurer ce résultat. Le fait seul d'obtenir quelque régularité dans la poursuite des délits de presse constituerait un progrès immense. Rien ne déconcerte le juré, et, on peut bien le dire, le juge, comme le défaut de fixité et la fantaisie dans la répression. En une matière bien importante, et qui cette fois dépend exclusivement de l'initiative des parquets : celle de l'outrage aux bonnes mœurs

commis par la voie du livre, le caprice dans les
poursuites a pu être la cause d'acquittements fâcheux. Quand un industriel de la pornographie con-
temporaine est par hasard renvoyé devant la Cour
d'assises, l'avocat tire de sa serviette vingt recueils
également scandaleux qui se vendent fort librement...
Le jury ne comprend plus et acquitte. Quand la loi,
qui est égale pour tous, n'est pas égale dans ses
applications, le prévenu n'a plus la physionomie
d'un coupable, mais la mine d'un malchanceux.

Un point très important pour obtenir du juge
populaire de meilleures décisions serait aussi de
sauvegarder avant le débat son indépendance et sa
fraîcheur d'impression.

En Angleterre, les juges de la Cour suprême ont
un pouvoir illimité et arbitraire pour réprimer tout
contempt of Court. Cette expression générale comprend non seulement les outrages aux magistrats et
les désobéissances à leurs ordres, mais toutes les
*publications relatives aux affaires « sub judice » qui
sont de nature à porter atteinte à la liberté des jurés
et des juges.* Il est clair qu'un pouvoir de cette
étendue n'est admissible que s'il est la conséquence
des mœurs de la nation ; et nul citoyen anglais n'a
reproché à ses magistrats d'en faire usage autrement
que dans l'intérêt de la libre administration de la
justice.

Nous ne pouvons songer à établir en France un régime aussi sévère. Mais il ne tient qu'à nous, en appliquant nos lois existantes, de protéger avant l'audience nos juges populaires contre les atteintes directes dont leur liberté peut être l'objet. Il est notamment une menace que nos anciennes lois prévoyaient, que la loi actuelle ne réprime plus, et qui a maintes fois troublé l'esprit des jurés parisiens. Tous ceux qui connaissent ces jurés savent l'effet profond et désastreux que produit sur eux la *publication de leurs noms* avant l'audience. Une loi de 1849 interdisait « de publier le nom des jurés, excepté dans le compte rendu de l'audience où le jury a été constitué ». Il serait urgent de remettre ce texte en vigueur.

Quant aux publications, aux indiscrétions et aux commentaires de toute sorte qui, dans nos mœurs actuelles, atteignent directement ou indirectement les jurés avant qu'ils soient réunis pour statuer, il n'est pas bien aisé d'en endiguer le flot. Ces mœurs déplorables sont chez nous, il faut le reconnaître, en quelque sorte légitimées par une complicité universelle. Au point de vue de tout accusé elles ont amené ce résultat étrange, que la situation d'un prévenu est souvent plus pénible que celle d'un condamné. Le prévenu, c'est-à-dire celui que la loi présume innocent, est discuté, raillé, perdu, flétri avant même qu'il soit arrivé au Dépôt. En revanche, le condamné, c'est-à-dire le coupable, bénéficie de toutes les pitiés et quelquefois de toutes les faiblesses. Au point de vue des jurés, ces mœurs ont fait un mal immense, et c'est ici qu'il faut reconnaître que toute loi est impuissante si une nation ne veut pas, par respect pour elle-même et pour le salut des accusés, en même temps que pour la dignité de la justice, imposer des limites au goût effréné de l'information.

Cependant, sur ce point encore, l'impuissance du législateur n'est pas complète. Un texte bien inutile de la loi de 1881, l'article 38, interdit de publier les « actes d'accusation et tous autres actes de procédure criminelle avant qu'ils aient été lus en audience publique ». C'est exactement le contraire qu'il aurait fallu édicter. La publication des actes de la procédure, qui sont des documents sérieux, reposant sur des bases légales, serait d'un effet moins fâcheux que celle de toutes les informations, fantaisistes ou mensongères, assaisonnées de commentaires passionnés dont les journaux sont souvent remplis. Nous pensons donc, avec M. G. Barbier, qu'il eût été plus logique d'interdire avant l'audience « toutes publications autres que celles qui se borneraient à reproduire ou à résumer fidèlement, sans commentaires les documents de l'instruction ».

Si cette prescription était obéie, nos juges populaires aborderaient d'un esprit plus calme, et plus dégagé d'idées préconçues, cette audience, où nous voudrions maintenant faire comparaître devant eux les vrais coupables.

VI

Il est clair que la première et indispensable condition pour rendre une bonne justice est d'avoir, sous les yeux la personne réellement coupable de l'infraction poursuivie... Cela paraît si évident, et la situation créée par la responsabilité fictive du gérant est si bizarre aux yeux des personnes étrangères aux subtilités juridiques qu'il faut expliquer en quelques mots la base légale de cet état de choses.

L'idée sur laquelle repose notre législation de la presse est contenue dans cet axiome : « C'est la *publication* qui fait le délit. » Cette idée est juste en tant que le délit de presse ne peut se concevoir *sans publication*. Mais la vraie question est celle de savoir quel est le « publicateur véritable » et c'est cette question que la loi actuelle, à notre avis, résout fort mal. D'après elle, le « publicateur » est une certaine personne dévouée par avance à ce rôle ingrat, connue du Parquet, tenue d'apposer sa signature sur chaque numéro du journal et que l'on nomme le « gérant » bien qu'elle soit, comme l'on sait, presque toujours étrangère à la « gestion » du journal. Ce gérant est si bien aux yeux de la loi l'auteur principal du délit de presse, que l'écrivain qui a créé le corps du délit, qui a écrit l'article incriminé, n'est considéré, si le gérant est connu, que comme le *complice* de l'infraction.

Nous ne ferons pas assurément une œuvre bien nouvelle en critiquant cette institution de la gérance, sévèrement appréciée par tous ceux qui ont examiné notre Code de la Presse. C'est une vieille erreur qui une fois entrée dans la législation du pays le plus conservateur qui soit au monde (je parle du nôtre), passe de loi en loi, de régime en régime, toujours condamnée et toujours vivace.

Notre esprit de routine cependant n'explique pas entièrement la durée de cette loi injuste. On ne saurait méconnaître que la gérance est une institution commode, d'abord pour ceux que le « procureur à la prison » protège, et qui peuvent ainsi commettre des délits en se dérobant à leurs conséquences ; ensuite pour les gouvernements, qui de temps en temps veulent paraître énergiques sans trop irriter la presse, et qui trouvent ainsi sous la main une victime expiatoire. A aucun autre point de vue l'institution de la gérance fictive ne peut trouver de défenseurs.

Qu'on dise que demain, dans une matière pénale quelconque, celle du vol par exemple, il sera convenu que certains individus désignés et connus à l'avance seront poursuivis au lieu et place des voleurs, et cela en vertu d'une convention légale qui dispensera la justice du soin de rechercher les criminels, et les criminels du soin de se soustraire à la justice ! Cette institution sera assurément commode, et elle aura précisément toute la valeur morale et sociale que la « gérance » actuelle possède. Et s'il y avait des gérants pour les entreprises de vol, croit-on que les jurés ne seraient pas bientôt las de frapper ces boucs émissaires ? En ce cas, on dirait peut-être que le jury n'est pas apte à condamner les voleurs !

Si cependant, malgré cette situation étrange, le jury, dans une affaire de presse, fait pour le principe l'effort de condamner, nous avons indiqué les résultats qu'il peut atteindre. Le gérant est mis en prison, spectacle immoral et absurde ! Quant aux amendes et aux réparations civiles, personne ne les paiera.

Précisons bien ce point. Qui paierait avec notre système actuel ? Ce n'est point l'auteur de l'article : il est inconnu. Ce n'est point le directeur effectif du journal, le gérant véritable qui a agréé l'article, et peut-être l'a demandé. Ce gérant-là, la loi ne le met en cause à aucun titre, et il ne peut être poursuivi que

si des faits de complicité, généralement impossibles
à établir, sont relevés par l'instruction à sa charge.
Qui paiera donc? Pour les amendes, la réponse est
bien nette : personne, car le gérant est insolvable et
nul n'est responsable des amendes que lui. Pour les
condamnations civiles, qui comprennent les dommages-intérêts et les frais, le gérant ne les paiera
pas davantage, et le directeur du journal ainsi que
l'auteur de l'article sont hors d'atteinte. Qui donc
paierait?

Mais, objectera-t-on, le journal a un propriétaire;
ce propriétaire, individu ou société, devra payer. Il
n'en est rien. Le gérant a été condamné en son nom
personnel; les condamnations qu'il a encourues lui
sont personnelles, et ne peuvent être exécutées contre
le propriétaire.

Voilà donc un journal qui diffame, injurie, encaisse
les bénéfices, et les propriétaires, le directeur, l'auteur
anonyme sont également dispensés, non seulement
de faire la prison. mais encore de payer le dommage!

Qui donc paiera, demandions-nous? Ce sera,
quant aux frais, le plaignant, le diffamé, même s'il
a gagné son procès!

Hé quoi donc! les battus, ma foi, paieront l'amende!

Il faut reconnaître pourtant que l'irresponsabilité

totale des propriétaires du journal, trop souvent consacrée dans les faits, n'est pas inscrite dans la loi. Il y a dans la loi de 1881 un article 44 d'après lequel, au point de vue des condamnations pécuniaires prononcées contre les gérants ou les auteurs, les propriétaires sont responsables « conformément aux règles du Code civil ». Mais, pour qui connaît la pratique, ces mots « conformément aux règles du Code civil », ont pour effet de rendre la responsabilité si difficile à établir, qu'elle devient, en beaucoup de cas, illusoire. On n'a pas voulu créer une responsabilité absolue, et le propriétaire ne répond des condamnations du gérant que comme un *commettant* quelconque répond des fautes de son *préposé*. Il faut donc, pour obtenir une condamnation pécuniaire contre le propriétaire du journal, soit lui intenter un procès séparé devant le Tribunal civil, soit le mettre en cause personnellement devant le tribunal de répression, et réussir à faire contre lui une preuve souvent délicate.

De plus, il est une circonstance qui rend tout spécialement difficile au plaignant de mettre en cause le propriétaire : c'est que généralement il ne le connaît pas ! Pour parvenir à le découvrir, il faut faire une enquête peu aisée, dans laquelle le parquet pourrait réussir, mais où les investigations d'un particulier sont entravées par les plus grands obstacles.

Tel est, dans ses traits généraux, le système actuel, que l'on peut appeler le système des responsabilités fictives. Comment y substituer le système des responsabilités réelles?

Il suffirait pour cela, selon nous, de renoncer à l'institution actuelle de la gérance, et de rechercher les publicateurs réels en s'appuyant sur ce principe fondamental de notre droit : c'est la volonté, l'intention de nuire, qui constitue le délit de presse comme tout autre. Or, chez qui se rencontre cette intention? Avant tout chez l'auteur de l'article destiné à la publication, chez l'écrivain, le créateur du corps du délit, que par d'étranges subtilités on nous présente aujourd'hui comme le complice!

Ce n'est pas tout. A côté de l'écrivain se trouve le directeur du journal qui a inséré l'article. Voilà le vrai publicateur, l'agent effectif et l'entrepreneur de la publication ! Sa personnalité et sa fonction se reconnaissent, à ce qu'il nous semble, à cette pierre de touche, que c'est lui qui agrée ou qui refuse les articles destinés au journal ; c'est lui, par conséquent, qui est le publicateur intellectuel, et non le publicateur fictif comme le gérant, ou le publicateur matériel comme le prote. Il doit être considéré comme *co-auteur* du délit commis par l'écrivain.

L'écrivain, le directeur, voilà les deux responsabilités réelles que le jury devra trouver en face de lui !

Supposons maintenant que l'article ne soit pas signé. Nous ne sommes pas de ceux qui acceptent avec Louis Blanc la doctrine du fameux amendement Tinguy, et voudraient obliger tout écrivain à signer ses articles. Nous ne demandons même pas, avec Girardin, que les signatures figurent au moins sur l'exemplaire destiné au parquet. Contrairement à ces doctrines, nous croyons qu'il est légitime que certains journaux veuillent représenter une force anonyme et collective. Mais à cela il faut mettre une condition : c'est que cette force, au lieu de s'incarner dans l'homme de paille qui signe au bas de la dernière page, s'incarne dans le directeur, souvent brillant et célèbre, dont le nom pare la manchette, et qui est le représentant moral de l'entreprise ! Donc si l'article n'est pas signé, l'auteur principal du délit de presse sera le directeur réel et effectif du journal.

Mais, dira-t-on, des lois sévères, celle de 1828 par exemple, ont déjà fait un effort pour se trouver en face d'une responsabilité véritable. Elles ont exigé notamment que le gérant eût une part dans la propriété du journal. Puisqu'elles ont échoué, puisqu'on a toujours vu renaître l'inévitable gérant fictif, pourquoi un système nouveau serait-il plus favorisé ? On baptisera le même gérant fictif du nom de directeur, et les choses n'iront pas mieux !

Ceci serait à craindre, sans doute, si dans notre

système la désignation du directeur effectif n'était étroitement garantie par la responsabilité des propriétaires du journal. Ceux-ci, obligés à se faire connaître, obligés à répondre civilement des condamnations encourues, seraient de plus pénalement responsables de toute fausse déclaration relative à la direction du journal, et soumis de ce chef à la surveillance la plus étroite. C'est sur ces points qu'il nous faut maintenant insister.

VII

Il y a un capital engagé dans toute entreprise de publication. Aujourd'hui tout semble disposé en vue de sauver en cas de condamnation ce capital, cette mise du propriétaire. Nous partons d'un principe opposé qui se formule ainsi : les condamnations que le journal peut encourir constituent un élément des risques courus par le capital engagé dans l'opération. Il faut que ce capital, connu et révélé dès la formation de l'entreprise, réponde intégralement des conséquences pécuniaires des infractions.

Comment atteindre ce but ?

Il y aurait d'abord un moyen préventif auquel

reviennent invinciblement beaucoup d'esprits : c'est le cautionnement. Le cautionnement est, dit-on, une invention de Chateaubriand. Les Anglais l'ont emprunté à la France; il existe encore dans ce pays de liberté [1]; et chez nous, depuis 1819, il n'a guère cessé de figurer dans les lois. On a vu le cautionnement disparaître pendant quelques semaines en 1848 et en 1870, puis, remis en vigueur par la loi du 6 juillet 1871, il a fonctionné jusqu'à notre loi de 1881 [2].

Faut-il y revenir? Ce n'est pas notre avis. Il suffit de songer aux arguments qui ont servi jadis à justifier le cautionnement pour reconnaître que cette mesure est réellement incompatible avec un régime de suffrage universel. « Tout journal, disait Royer-Collard, est une influence et appelle une garantie; or la garantie politique ne se rencontre, d'après la Charte, que dans une certaine situation sociale; cette situation est déterminée par la propriété et ses équivalents, voilà le principe du cautionnement. » Le principe du cautionnement est en effet censitaire; et lorsque Chateaubriand, Lainé, Guizot et tant d'autres défendaient cette institution contre Benja-

1. Non pas en numéraire, mais sous la forme de garantie donnée par deux personnes solvables.

2. La loi du 6 juillet 1871 imposait aux journaux quotidiens un cautionnement de vingt-quatre mille francs.

min Constant, il y avait en France un cens électoral et un cens d'éligibilité. Avec quel succès rééditerait-on contre le cautionnement le fameux « silence aux pauvres ! » en notre temps où la fortune a cessé d'être considérée comme la garantie politique !

Dira-t-on que le cautionnement est tout simplement nécessaire pour assurer l'exécution des condamnations pécuniaires ? M. Guizot soutenait ainsi cette théorie : « Partout où la société a reconnu le fait d'une puissance capable de lui causer de grands dommages contre lesquels les menaces et les châtiments des lois pénales n'étaient pas de nature à lutter avec succès, elle a exigé de ceux qui prenaient en main cette puissance des garanties particulières. Ainsi, les médecins, les avocats, les notaires sont autant d'exemples de cette vérité. »

Mais la confusion n'est-elle pas évidente ? La société exige fort légitimement du médecin ou de l'avocat un diplôme, mais elle ne s'arroge pas pour cela le droit de l'obliger à fournir caution qu'il ne tuera pas ses malades, ou ne fera pas condamner ses clients ! En ce qui nous concerne, nous rejetons l'idée de cautionnement, ainsi que toute mesure qui, de près ou de loin, se rattache au système préventif, et constitue une entrave quelconque au droit d'écrire, de penser et de publier.

Mais si les propriétaires du journal n'ont pas à

fournir de cautionnement, il ne s'ensuit pas qu'ils doivent échapper aux responsabilités que nous avons définies !

Avant tout, obligeons ces propriétaires à se faire connaître. D'après le projet de la commission qui a préparé la loi de 1881, la déclaration d'un journal devait énoncer « le nom et la demeure du propriétaire ». Cette disposition a été supprimée sans discussion par le Sénat. Or, au même moment, le Parlement du Royaume-Uni adoptait une loi tendant à la fois à « mettre les propriétaires de journaux à l'abri de poursuites criminelles non justifiées » et « à rendre effective la responsabilité de ces propriétaires en assurant l'enregistrement exact et régulier de leurs noms, adresses et qualités [1]. »

Il faut arriver dans notre pays à des mesures analogues. Nous n'irons pas aussi loin qu'aux États-Unis ou en Angleterre, où le régime de la presse est tout entier établi sur le principe de la responsabilité *pénale* des propriétaires. Mais nous trouvons légitime

---

1. Odgers ; *Digest of the law of libel* (loi du 27 août 1881). En vertu de cette loi, un registre public des propriétaires de journaux est établi dans un des bureaux de Somerset-house. Chaque année, au mois de juillet, les propriétaires doivent renouveler la déclaration de leur nom, de leurs occupations, de leur domicile d'affaires et de leur résidence. Tout individu, mis en cause par un journal, peut se rendre à *Somerset-house*, et, moyennant un shilling, il obtient aussitôt les renseignements ci-dessus.

et nécessaire de prescrire l'enregistrement au parquet du nom de ces propriétaires, et d'exiger des justifications de leurs titres et qualités. Toute fausse déclaration devra être sévèrement punie.

De plus, il faut inscrire dans la loi, au lieu du texte ambigu qui limite la responsabilité des propriétaires aux « termes du Code civil », l'article suivant, qui a déjà figuré en 1881 dans le projet de la commission : « Les propriétaires des journaux ou écrits périodiques seront civilement responsables des condamnations pécuniaires prononcées contre les personnes désignées dans les deux articles précédents », c'est-à-dire contre le gérant, l'auteur, etc.

Par ces mesures, les propriétaires de journaux se trouveront responsables d'une façon absolue, non seulement des réparations civiles et des frais, mais encore des amendes auxquelles les auteurs ou complices des délits auront été condamnés. Cette rigueur est légitime en ce qu'elle oblige les capitalistes à ne pas se désintéresser de l'exploitation morale de l'entreprise, et à apporter plus de soin et de scrupule dans le choix de leur délégué.

Ainsi d'après notre système, deux responsabilités pénales se dégagent : celle de l'écrivain, celle du directeur. Puis la responsabilité civile étroite et rigoureuse des propriétaires assure l'exécution des condamnations prononcées.

14

VIII

Nos juges se trouveront donc en présence des personnes réellement responsables.

Il ne faut pas, à coup sûr, que la loi fasse à ces prévenus une situation plus dure que celle des prévenus ordinaires, mais il ne faut pas non plus qu'elle leur accorde une situation privilégiée.

Ainsi nous admettrions qu'en matière de presse le juge d'instruction eût en principe, et non exceptionnellement, le droit de saisie et d'arrestation préventive... ceci à la condition que ce pouvoir fût exercé par un juge d'une indépendance absolue, et suivant les règles de l'instruction préparatoire réformée, *contradictoire* ou *publique*. Avec de telles garanties, ne serait-il pas naturel que l'arrestation du prévenu pût être ordonnée, par exemple, dans le cas d'offense au président de la République, aussi bien que dans le cas d'offense à un chef d'État étranger? Pourquoi ces distinctions sans fondement?

Pourquoi surtout laisser au prévenu, dans un procès de presse, le privilège exorbitant de renouveler et d'aggraver impunément à l'audience le délit pour lequel il est poursuivi? On ne saurait trop le répéter,

car la justice est à ce prix, la défense doit être libre,
mais cette liberté a des limites que la loi pose et
dont le juge est le gardien. Il y aura lieu de rechercher dans nos conclusions générales les mesures et
l'organisation capables de donner au Président d'assises la puissance acceptée de tous, qui est nécessaire
à sa fonction.

Si le débat a été clair et calme, le délibéré commencera dans de meilleures conditions ; mais encore
faudra-t-il que les questions posées soient claires et
divisées de telle sorte qu'il soit possible de répondre
à toutes les idées qui y sont contenues. Ainsi, en
matière de diffamation, nous nous rallions à un
système qui a déjà fait l'objet d'une proposition de
loi et qui consisterait à poser, au lieu de la question
unique : « Le prévenu est-il coupable? » deux questions distinctes. La première porterait sur le point
de savoir si la preuve des imputations diffamatoires
a été faite ; la seconde serait relative à la culpabilité
du prévenu. Le juge aurait alors devant les yeux
les deux aspects de la poursuite. Sans doute, dans
nos mœurs et notre organisation actuelle, ce système
pourrait avoir l'inconvénient de pousser les jurés à
se dérober à leur tâche en accordant une satisfaction
au plaignant et en acquittant le prévenu. Mais les
progrès que nous appelons dans l'organisation générale de la juridiction tendront à atténuer cet incon-

vénient, et il est d'ailleurs minime en comparaison du mal existant.

Le verdict étant ainsi préparé dans des conditions plus favorables, il faudra, par un remaniement des peines et par un changement dans les habitudes judiciaires, orienter la répression vers les modes de réparations pécuniaires. Si les parties répugnent à demander des dommages-intérêts importants, que la loi donne l'exemple, en substituant à ses amendes de cent à trois mille francs, des amendes élevées dont le maximum pourra être porté à vingt-cinq ou trente mille francs. Ces amendes, toujours garanties par la fortune des propriétaires, iront grossir, si l'on veut, la caisse d'une institution de prévoyance ou de retraite.

Ainsi, les jurés, en condamnant, auront le sentiment que des peines sérieuses et efficaces seront la conséquence de leur verdict. Il faudra qu'ils sachent aussi que les peines prononcées seront rigoureusement exécutées, et que, contrairement au principe de la loi actuelle, certaines condamnations encourues désigneront plus tard le délinquant aux aggravations de la récidive.

Tel est, esquissé dans ses grandes lignes, le cadre des mesures qui, sans porter atteinte à la liberté et sans faire revivre aucun des procédés du système préventif, nous semblent de nature à instituer une répression en matière de presse et à la rendre salutaire.

Sans doute les sceptiques vont redire : rien à faire avec des jurés !... Nous leur répondrons : Que proposez-vous? Encore l'impunité? Chacun sent que l'expérience, déjà longue, devient d'un trop grave danger. Le retour par étapes au vieux système préventif? De qui obtiendrait-on de pareilles armes, et ne seraient-elles pas mortelles pour ceux qui tenteraient de s'en servir?

Un seul moyen nous reste : organiser la liberté sous la loi, tâche dure et complexe qui est le tourment de nos générations! Nos ancêtres ont fait des rêves de justice idéale, puis ils se sont lassés de ces rêves, et, à certaines heures de désenchantement, ils se sont éloignés d'eux... pour y revenir encore. Notre œuvre, plus ardue, consiste à choisir parmi ces rêves ceux qui sont réalisables, à les créer, à les faire vivre, avec grand effort et grand'peine, dans l'atmosphère ingrate de la réalité. Le jugement de la presse par les citoyens est, nous le croyons, un rêve réalisable. Cette juridiction peut donner, non pas la justice absolue, mais la justice la mieux appropriée à notre moderne état social. Essayons donc de le faire fonctionner avec suite, et dans des conditions favorables. On conviendra peut-être avec nous que cet essai n'a pas été jusqu'ici sérieusement tenté.

CHAPITRE VIII

Nous arrivons ici à notre conclusion : aux réformes qui nous paraissent désirables dans le fonctionnement de la justice pénale. Et nous savons que le lecteur, même le plus indulgent, attend ce moment difficile avec quelque scepticisme : « C'est peu d'avoir taillé, maintenant il faut coudre ! »

Notre essai assurément, sera bien imparfait ; mais peut-être ne faut-il pas décourager par un accueil trop sévère des efforts de cette nature ; peut-être la tendance trop établie dans notre pays à conclure, après des critiques amères, à l'impossibilité de changements heureux, est-elle une tendance dissolvante et presque coupable. Il y a cent ans, avec son grand élan de foi dans le progrès, son génie clair qui savait imprimer la logique et l'unité aux idées venues de toutes parts, la France a donné des codes à l'Europe. Faut-il aujourd'hui que l'Europe, qu'elle avait devancée, la laisse en arrière ? Faut-il que la retardataire Allemagne, qui n'a définitivement supprimé la torture que vers 1830, reste aujourd'hui, dans la voie des progrès judiciaires, loin en avant de nous ?

Rien ne manque cependant en France, pour entreprendre et mener à bien la réorganisation de notre justice pénale. Les idées abondent ; les sciences voisines du droit criminel, qui pourraient lui fournir de si utiles secours, des instruments d'enquête si améliorés, sont en progrès certain ; et l'aspiration vers la justice n'a jamais été plus ardente. Sachons donc vouloir énergiquement l'accomplissement de cette grande œuvre, dont l'urgence est à tout instant démontrée, dont tous les matériaux sont dans nos mains.

I

La première question qui se pose est incontestablement celle-ci : faut-il conserver le principe du jury, de la collaboration à l'œuvre de justice du magistrat temporaire tiré des rangs des citoyens?

Faut-il, au contraire, par des moyens ouverts ou détournés, supprimer cette collaboration, et remettre la justice pénale aux seules mains des magistrats permanents ?

Rester dans le *statu quo*, c'est prendre parti dans cette question, et conclure à l'élimination progressive et très rapide du juge populaire[1]. C'est attribuer sa succession au tribunal correctionnel, et substituer ainsi à une juridiction médiocre une juridiction plus défectueuse encore. Nous rejetons donc de primo abord le maintien du *statu quo*.

Deux partis restent alors à prendre.

Le premier consisterait à supprimer légalement le jury, et à constituer une magistrature criminelle assez savante, indépendante et honorée pour recueillir ce grand héritage. On fonderait ainsi, avec des juges

1. Voir introduction, page 3.

sociologues, cette Tournelle du XX⁰ siècle, dont l'expertise serait la pierre d'angle, et qui serait aussi pourvue de renseignements techniques, statistiques, scientifiques, que l'autre était pourvue de bastilles et de supplices.

Cette solution paraît séduisante à d'excellents esprits. Même certains criminalistes prétendent, avec M. Pedro Dorado, professeur à la Faculté de droit de Salamanque [1], que l'heure est venue de renoncer aux diverses superstitions qui, sous le nom de garanties de la défense, jury, barreau, publicité de l'instruction, gênent l'action du juge. « La peine est un bien, dit M. Dorado, et il convient que le juge, pour faire tout le bien possible, soit entièrement libre dans l'exercice de son ministère, sans aucune restriction quelle qu'elle soit, provenant soit du Code pénal, soit du Code d'instruction criminelle. »

On conviendra qu'il y aurait quelque difficulté à découvrir des magistrats, de science assez profonde, d'impartialité assez surhumaine, pour que toute garantie légale devienne inutile à l'accusé. Mais, eût-on découvert cet arbitre idéal, existât-il, comme il le faudrait, à plusieurs exemplaires, possédât-on un secret infaillible pour « développer » en toute occasion ce cliché si rare, nous ne voudrions pas

1. Voyez l'ingénieux article de M. Dorado dans la *Revue du Droit Public*, 1896.

encore laisser ce juge prononcer seul, et cela pour deux raisons.

D'abord, le peuple ne croirait jamais à tant de vertu, et l'autorité du juge serait affaiblie par le soupçon. Je ne vois guère que la Hollande où la magistrature soit assez populaire pour pouvoir, avec l'assentiment public, punir seule les grands crimes. Et encore, dans ce pays, une telle solution est-elle rendue plus facile par l'abolition de la peine de mort.

La seconde raison, plus essentielle encore à nos yeux, c'est que le juge de profession, quelle que soit sa valeur, a besoin, pour juger sainement, de rester en contact avec la conscience générale, de ne pas perdre de vue cette notion moyenne et populaire de la moralité qui est l'apport du juré dans l'œuvre commune. Nous rejetons donc la solution qui consisterait à remettre la justice aux seules mains des juges permanents. D'ailleurs nulle assemblée parlementaire n'y pourrait consentir aujourd'hui.

Un parti nous reste donc :

Reconnaître comme un des fondements de notre droit public le principe de la collaboration des juges populaires aux jugements criminels ; ce principe étant loyalement accepté, réformer profondément les méthodes défectueuses qui servent aujourd'hui à l'appliquer.

Nous adoptons donc le principe du jury, et non

pas à titre provisoire, « faute de trouver à le remplacer » ! Selon nous, dans le plan des futures juridictions pénales construites sur des données plus exactes, plus scientifiques que les nôtres, le juge extrait du peuple aura toujours sa place, sa mission distincte et nécessaire. Sans doute M. Tarde, et plusieurs criminalistes avec lui, affirment que l'expert succédera au jury « comme le jury a succédé à la torture et la torture aux ordalies... » Tel n'est point notre avis. L'expert, le magistrat et le juré sont des forces dissemblables dont le concours est nécessaire. Comment ces forces pourraient-elles s'exclure, se substituer les unes aux autres, alors que chacune d'elles apporte à l'œuvre commune une vertu qui lui est propre : l'expert sa science sur des points donnés ; le juge sa connaissance des lois et son expérience des affaires ; le juré sa fraîcheur de conscience, son impression juste du sentiment public ?

Ce sont là trois rôles bien distincts : veillons à ce qu'ils composent un ensemble harmonieux. Dans ce but, occupons-nous d'abord de les confier aux plus aptes et plus dignes ; déterminons ensuite d'après des règles plus logiques, les conditions de leur concours.

Abordons la première donnée du problème, en cherchant les meilleurs procédés de recrutement des jurés et des magistrats.

II

Tout le long de ce siècle, on a dit couramment :
« Ayez de bons jurés, vous aurez de bonne justice. »
En d'autres termes, la réforme du jury ne consisterait guère qu'en un choix plus heureux des citoyens
qui le composent [1]. Cette idée simple et séduisante
contient à notre avis une grande part d'illusion.
Découvrît-on les meilleurs des jurés, ces rares magistrats feraient encore de médiocre besogne si à la
Cour d'assises leur rouage excellent se trouvait asso-
cié à des rouages demeurés imparfaits, et si l'on
continuait à leur donner à l'audience une situation

1. C'était déjà l'avis de Sieyès. Voir la Notice sur sa vie
écrite par lui-même. Bibliothèque Nationale L 27ⁿ 18956. —
Voir aussi les curieuses circulaires de François de Neufchâteau,
ministre de l'Intérieur en l'an VIII. — Oudart se plaignait, dès
l'an XIII, que *le soin de choisir les jurés fût laissé à un commis.*
B. N. Inventaire F 20-882.

M. Adolphe Guillot, dans *le Jury et les mœurs*, demande *que
le législateur commence par agir en fermant l'accès du jury aux
incapables, aux ignorants...* Tout récemment, M. Albert Bataille écrivait que *le premier devoir d'un gouvernement fort sera
de substituer aux jurés de hasard qui rendent la justice au
petit bonheur une élite, une sélection, des gens de sens et d'expérience...*

fausse et une tâche souvent impossible. Aussi la question du recrutement du jury est-elle à nos yeux un des éléments du problème à résoudre, mais non le plus important, et à coup sûr un des plus malaisés.

Depuis cent ans, à travers les révolutions, à travers les empires, les républiques et les monarchies, nos lois s'acharnent vainement à la poursuite du juré idéal. Que cette poursuite soit dirigée par un préfet ou par un juge, par un groupe plus ou moins savamment assorti de magistrats, de maires et de conseillers généraux, le phénix des jurés, plus adroit qu'Atalante, se dérobe toujours. En vain M. Dufaure l'a-t-il serre de près, il y a vingt-cinq ans ; il n'a pu l'atteindre, et de nouvelles propositions de loi, d'accord avec l'opinion publique, ne cessent de le réclamer. Poursuivons-le donc à notre tour, et voyons par quelles méthodes on l'a recherché jusqu'ici en France et à l'étranger.

Ces méthodes ont varié maintes fois ; cependant on peut dire que tous les procédés proposés ou pratiqués se rattachent à deux doctrines, dont l'une confie *au sort* et l'autre *au choix* le soin de composer la liste du jury. C'est la théorie du *choix*, plus ou moins rationnellement pratiquée, qui l'emporte heureusement chez nous ; mais les partisans de la formation de la liste du jury par le *sort* n'ont pas désarmé. En ce moment même, une proposition de loi soumise aux Chambres tend à la création d'une liste générale du jury, comprenant *tous les électeurs* âgés de plus de quarante et de moins de soixante ans, et sur laquelle on *tirerait au sort* les jurés des listes de session [1].

Un tel système, d'une simplicité chimérique et brutale, fut repoussé en 1848. Ses auteurs prétendaient établir dans le régime républicain une connexité étroite entre le droit et la capacité de voter et le droit et la capacité de juger... Mais il faudrait alors, pour la pureté des principes, que le peuple réuni jugeât les causes criminelles! Personne, que je sache, n'est allé jusque-là. Et, puisqu'il faut une délégation, pourquoi donc s'arrêter à la pire de toutes, au mandat délivré par le hasard aveugle et sourd? Le sort est par trop inhabile à distinguer parmi les citoyens ceux qui possèdent les qualités du magistrat.

1. Voir *Proposition de loi relative à l'organisation du jury criminel*, présentée par M. Leydet le 23 octobre 1894. M. Boysset formulait ainsi, dans sa proposition de loi du 28 mars 1882, ce système déjà repoussé par la Constituante en 1848 : « Tout citoyen est électeur ; tout électeur est juré. La liste des jurés et la liste des électeurs seraient identiques, sauf, tout au plus, des garanties d'âge impliquant des garanties d'expérience. Un tirage au sort, effectué par le maire de chaque commune, établirait la liste annuelle destinée au service judiciaire départemental ; un second tirage désignerait les jurés de chaque session d'assises... Théoriquement, cette formule constitue l'idéal du régime républicain... »

L'essentiel, si l'on veut se placer au point de vue républicain, serait, nous le montrerons tout à l'heure, de rechercher, avec plus de liberté et de largeur d'esprit que ne le fait la loi actuelle, les hommes capables d'être juges parmi tous les groupes sociaux.

En résumé, la théorie du choix, et d'un choix aussi éclairé que possible, est à nos yeux la seule raisonnable.

III

Parmi quels groupes de citoyens choisirons-nous les jurés? A qui confierons-nous la tâche difficile d'opérer cette sélection?

Quant aux groupes sociaux parmi lesquels le choix s'exerce, le principe de notre loi actuelle est que tout Français de trente ans est apte à la fonction de juré criminel. Mais ce principe souffre de telles exceptions qu'il en est affaibli, presque dénaturé. Il y a d'abord des citoyens, tels que certains condamnés, qui sont, aux yeux de tous, indignes de faire partie du jury; il y en a d'autres, tels que les ministres, les députés et la plupart des fonctionnaires, qui sont inscrits au chapitre trop étendu des incompatibilités; il y a enfin un groupe assez important qui s'appelle le peuple, et qui se trouve, par un aimable euphémisme de la loi, *dispensé* des fonctions du jury. En effet, les ouvriers de la ville ou des champs, « qui ont besoin de leur travail manuel et journalier pour vivre », sont *dispensés*, tout comme les septuagénaires.

Ce système, dont l'inconvénient saute aux yeux, a constitué, sans y penser et contre son propre principe, un vrai jury de classe, en haut découronné, et dépourvu en bas de fondements solides : le jury des classes médiocres.

Dans d'autres nations est adopté un système tout différent, qui consiste à réserver les fonctions du jury à l'élite, et, dans ce but, à recruter les jurés parmi certains groupes élevés dans l'échelle sociale et soigneusement délimités.

C'est le système « *des catégories* ». Il s'attache en général, pour discerner l'aptitude, à la capacité *littéraire* et à la capacité *censitaire*. On décide, par exemple, que les jurés ne pourront être choisis que parmi les citoyens payant un certain chiffre d'impôts, ou parmi les sénateurs, députés, membres des compagnies savantes, docteurs ou licenciés, avocats, notaires, auteurs d'ouvrages scientifiques et littéraires... C'est à la doctrine des *catégories* que se sont rattachés en France le Code de 1808, les lois de 1819

et de 1827 ; et c'est ce système qui est en vigueur
avec des variantes en Italie, en Belgique, en Espagne,
en Portugal et en Russie [1].

Quant aux personnes investies par la loi de la
mission de choisir les jurés, on a vu aussi, en France
et à l'étranger, prévaloir tour à tour plusieurs systèmes. Tantôt parmi ces personnes l'élément admi-
nistratif et gouvernemental l'a emporté : c'est la
doctrine impériale ; les préfets nommant le jury.
Tantôt la préférence a été donnée à l'élément électif,
comme en 1848 ; tantôt enfin la désignation des jurés
a été confiée à des commissions composées d'éléments électifs et d'éléments judiciaires, et présidées,
comme aujourd'hui, par des magistrats.

---

1. En Amérique, les conditions et le mode de recrutement
sont variables. Il suffit en général, pour être juré, de payer
l'impôt, d'être citoyen américain, d'avoir de vingt et un à
soixante ans d'âge. — La loi allemande se rapproche sensiblement de la nôtre ; aucune condition de cens ou de capacité
n'est exigée pour être juré, il suffit d'être Allemand. — En
Russie, la loi libérale de 1864 admettait même les illettrés à
faire partie du jury et se rattachait au système des catégories
en considérant surtout la capacité censitaire. « Un jury, était-il
dit dans l'exposé des motifs du Code d'organisation judiciaire
de 1864, ne peut être obtenu que si l'on admet à en faire partie
des personnes de différents degrés d'instruction, de différentes
conditions ou classes sociales, sans excepter les paysans. » Il est
vrai que des lois postérieures à 1864 ont restreint considéra-
blement la compétence du jury en Russie. (Voir *le Code d'organisation judiciaire de l'Empire de Russie*, par Léon Aucoc ;
Paris, 1893.)

Ce dernier système, qui cherche, avec plus ou moins de succès, à mettre le recrutement du jury dans la main du pouvoir judiciaire, tend à prévaloir en Allemagne, en Italie et en Belgique ; il est même, dans ce dernier pays, appliqué plus rigoureusement que chez nous, car la confection de la liste du jury y est entièrement confiée à la magistrature[1].

Nous n'avons pas encore parlé de l'Angleterre, dont les institutions, d'un caractère absolument national, peuvent difficilement se comparer à celles des peuples continentaux. Chez nos voisins, la charge du jury est une sorte d'impôt supplémentaire, dû par ceux des citoyens qui sont déjà taxés à vingt ou trente livres. Les jurés sont choisis par des fonctionnaires qui n'ont avec les nôtres aucune analogie, et en dernier lieu par le sheriff.

D'ailleurs, il faut le reconnaître, dans le Royaume-Uni aussi bien que dans tous les pays que nous venons de citer, le système de recrutement du jury

---

1. Le système belge a en France des défenseurs, notamment M. Valler, avocat général, dont la doctrine se résume dans les quatre propositions suivantes : *a.* Liste préparatoire dressée par les maires. *b.* Affichage à la mairie de cette liste. *c.* Réclamations des citoyens portées à la justice de paix et sur appel au tribunal. *d.* Formation de la liste annuelle *par le tribunal sur les conclusions du ministère public.* Voir *du Jury criminel :* Discours prononcé à la Cour d'appel de Bordeaux par M. Valler en 1892. — Voir dans le même sens : *le Jury criminel, son organisation,* par Arbinet. B. N. L 113, 127 f. — Loubet, etc.

est en butte aux critiques les plus acerbes. C'est un sujet sans cesse à l'ordre du jour, et qui, dit un auteur anglais, « semble avoir une vertu particulière pour exciter la combativité *(pugnacity)* ».

En Amérique et en Italie, les critiques sont d'autant plus violentes que les jurys de ces deux pays sont atteints d'un vice qui heureusement nous est inconnu : la corruption. En Amérique, le mal est particulièrement grave. Le juge Barrett déclare [1] « que le *jury box*, à New-York, est une insulte à cette grande cité. Cela semble la représentation de tout ce qu'il y a de bas, d'ignorant, de vicieux et d'inintelligent... On obéit dans le choix des jurés à des considérations politiques... Il y a dans le *jury box* une extraordinaire prépondérance de marchands de liqueurs, *eating houses*, *lager beer*, restaurateurs, etc.[2] ».

1. Voir *The Nation* ; New-York, juin 1887, British Museum. PP 5105-Ca. — Voir aussi : *The Forum* ; New-York, V. 3, p. 102. British Museum. PP. 6359, où je relève le passage suivant : « Des questions de politique, de nationalité, d'antipathie de voisins, l'éloquence d'un lawyer, un article de journal, l'usage des dés ou d'un jeu de cartes décident souvent un procès impliquant des milliers de dollars ou un emprisonnement pour des années... Ces absurdités ont fait naître des *comités de vigilance* et la *lynch law.* »

2. « Puis aussi, dit le juge Barrett, il est certain que ceux qui seraient aptes à être jurés se dérobent à ce devoir. » Ce qui prouverait que les représentants des classes élevées tendent, en Amérique aussi bien qu'en France, à méconnaître leurs devoirs civiques.

Les auteurs de ces critiques, peut-être exagérées, vont parfois jusqu'à dire que « le système du jugement par jury est mûr pour la destruction [1] ». Mais en général ils se bornent à réclamer des modifications profondes dans son système de recrutement.

En Italie où les mêmes maux sévissent, quoique à un degré moindre, on réclame un recrutement plus aristocratique des jurés, un cens plus élevé, le grade de docteur.

En tous pays d'ailleurs, quel que soit le système en vigueur, d'innombrables projets proposent des réformes. De tant d'idées émises ou pratiquées, dégageons maintenant nos conclusions personnelles sur ce problème initial du recrutement du jury.

IV

Nous l'avons dit, au point de vue de la composition des listes, notre système actuel, qui exclut à la fois les hautes personnalités de la nation et le vaste élément populaire, nous paraît offrir tous les inconvénients. Mais en quel sens l'amender ? Faut-il offrir

---

1. *The vitality of jury trials is exhausted and the system is ripe for destruction.*

un champ plus étendu au choix des commissions de sélection? Faut-il au contraire restreindre encore cette liste, et faire des fonctions de juré l'apanage d'une aristocratie ?

Nous sommes opposé à cette dernière solution, au système des catégories. Nous ne croyons pas qu'il y ait des chances plus sérieuses de rencontrer le juré idéal parmi les mandarins de la science ou de l'argent que dans tout autre groupe de la société.

Qu'est-ce d'ailleurs que le juré idéal? Pour définir la classe dans laquelle il se trouverait plus particulièrement, il faudrait peut-être le définir lui-même. Or, maint projet de loi et mainte circulaire l'ont vainement tenté ; c'est là, à notre avis, une entreprise purement littéraire, qui conduit à des phrases plus ou moins sonores, mais dépourvues de précision.

Faustin Hélie voulait pour le juré « une instruction ordinaire », avec « ce sens commun qui saisit les preuves de la vérité ». A suivre époque par époque ces définitions on voit que chacune d'elles reflète la philosophie du jour, et demande au juré les facultés et les méthodes que chaque jurisconsulte a dû reconnaître à son philosophe préféré.

Les circulaires brodent de vagues adjectifs leurs conceptions vagues ; elles voudraient voir sur la liste des hommes « instruits, probes, recommandables par leurs lumières, leurs vertus, leur patriotisme ».

15.

Dufaure, en 1872, exigeait du juré « une existence respectable, une capacité suffisante, une indépendance absolue ».

Et toutes ces définitions, en visant le modeste juré, peignent sans cesse l'homme idéal, l'homme capable, tout simplement, « de séparer la vérité de l'erreur ! »

A notre avis, le bon juré ne se définit pas, il se devine, se trahit aux yeux de ceux qui le connaissent et qui l'observent avec intelligence : *il se choisit*. Pourquoi donc limiter ce choix déjà si difficile en nous parquant dans d'étroites catégories ? En quoi la bonne santé morale et intellectuelle qui rend apte à remplir les fonctions de juré se mesure-t-elle au quantum des impôts ou aux diplômes obtenus ? Les plus humbles parmi les citoyens ont souvent un sens très net et très pratique des affaires, avec des vues morales fort arrêtées et même fort rigoureuses. Le jugement du bon travailleur qui nourrit femme et enfants au faubourg Saint-Antoine sera tout aussi sûr que celui du licencié oisif qui vit de quelques rentes aux alentours de Saint-Augustin.

Laissons donc le champ libre, un champ illimité, au choix des commissions. En réduisant le chapitre des incompatibilités, en laissant pénétrer l'élément populaire, permettons-leur de faire de la liste du jury une représentation plus complète des forces de la cité.

Cette idée d'admettre parmi les jurés quelques représentants de la classe ouvrière est d'ailleurs en train de faire son chemin dans le monde. En Angleterre, on la discute sérieusement. M. Erle s'exprime ainsi : « Un sens droit[1], ce cadeau que la Providence fait à certains hommes, n'est nullement réservé par elle aux personnes qui vivent dans de beaux appartements. Ces personnes peuvent être distinguées par la mémoire et l'imagination et incapables de décision... Une bonne aptitude à juger est indépendante du degré d'élévation dans la société. » Il ne faudrait pas cependant « qu'on descendît jusqu'aux misérables. Ces gens aigris et absorbés par leurs propres malheurs ne sont pas en état de juger sainement les affaires d'autrui ». Ce qui renforcerait la liste présente des jurys, c'est « le dessus du panier des travailleurs » ; *the best class of working men.*

Une application de cette idée a été tentée en France en 1848, et, si nous en croyons un publiciste qui a consulté avec soin les *Comptes d'assises*, elle aurait donné à ce moment de forts bons résultats[2]. Les hommes du peuple se seraient montrés « plus exacts, plus attentifs... d'une fermeté plus consciencieuse » que les membres du jury « censitaire et bourgeois ».

1. Voir *The jury laws and their amendment*, by T. W. Erle ; London, 1882. — British Museum, 6281, 1. 22.
2. Voir *le Combat contre le crime*, par M. Henri Joly, p. 54.

En effet, nous le savons, les classes élevées manquent souvent de zèle civique ; il y aurait donc grand intérêt à allier dans un jury à des intellectuels, trop insouciants quelques ouvriers plus ardents à remplir les devoirs du citoyen.

Puis peut-être ces réunions fréquentes, sur un excellent terrain de confiance réciproque, des représentants des divers groupes sociaux auraient-elles quelques avantages, en dehors même de ceux que nous en attendons au point de vue d'une bonne justice. Peut-être contribueraient-elles pour une petite part au rapprochement si désirable entre Français de conditions diverses, à l'adoucissement des préjugés, des malveillances de chacun. « Je ne vous connaissais pas, dit un gréviste à son patron dans *les Bienfaiteurs* de M. Brieux. Voyez-vous, tout le mal, vient de là... C'est qu'on ne se connaît pas ! » Tâchons donc de multiplier les occasions de rencontre, afin qu'un jour vienne en France où tous les honnêtes gens se connaîtront mieux.

Sans doute de sérieuses objections ont été élevées contre cette admission des ouvriers sur la liste du jury. Il est clair d'abord que, si cette doctrine est admise, les jurés qui ont besoin de leur travail manuel et quotidien pour vivre devront recevoir un salaire pendant la durée de la session. Mais cette objection n'est pas capitale : les jurés ont droit déjà à une indemnité de déplacement ; pourquoi ne pourraient-ils pas requérir une indemnité de séjour, ou y renoncer à leur gré[1] ?

On dira aussi qu'une absence de plusieurs jours exposerait l'ouvrier à perdre sa place : le patron, qui a besoin de son travail à l'atelier, serait contraint de lui donner un remplaçant. Cette objection est sérieuse, mais on peut l'affaiblir, soit en réduisant la durée des sessions, soit en faisant figurer plus de noms sur la liste, ce qui diminuera la tâche de chacun. D'ailleurs les commissions chargées du choix des jurés examineront la situation personnelle des ouvriers paraissant aptes aux fonctions du jury, et ne désigneront que ceux qui pourront, sans danger de perdre leur place, quitter l'usine ou la charrue pendant le temps nécessaire[2].

---

1. En Angleterre, un courant existe pour donner un salaire aux jurés au criminel. Pourtant cette motion a été repoussée à la Chambre des Communes.

2. Nous n'ignorons pas que les ouvriers entendent de façons très diverses leur adjonction aux listes du jury criminel. Les uns croient qu'il ne serait pas nécessaire de donner une indemnité aux jurés ouvriers : « Ils auraient conscience, disent-ils, de remplir une fonction civique et cela suffirait. » Les autres, plus pratiques, sont partisans de l'indemnité. Certains voudraient que les jurés fussent désignés par le suffrage universel *parmi les électeurs au conseil des prud'hommes*, c'est-à-dire parmi les ouvriers ayant vingt-cinq ans d'âge, cinq ans de résidence et cinq ans d'exercice de la profession. Plusieurs consentiraient à ce que le choix fût fait par le juge de paix,

Mais nous touchons ici au second point du problème. Qui sera chargé de choisir les jurés dans la masse des citoyens? Il est clair qu'en élargissant indéfiniment le champ de ce choix, nous l'avons rendu plus difficile encore. A qui confierons-nous cette tâche importante, et par quels procédés s'accomplira-t-elle? C'est là, à notre avis, le nœud de la question.

V

Reconnaissons d'abord qu'on peut accepter le principe de la loi actuelle, c'est-à-dire l'idée de deux commissions, l'une formant la liste préparatoire, l'autre fixant la liste définitive. Bien qu'elle ait

mais « il serait à craindre, disent-ils, que le juge ne se renseignât auprès des patrons ». Ceux-ci, on le devine, signalent aussi des difficultés. Ils ne demandent en général qu'à rester étrangers à la désignation des jurés ouvriers, de peur de susciter des rivalités et des haines. Quelques-uns manifestent la crainte « de se rencontrer au jury avec leurs ouvriers ». Aux patrons de Paris, où les sessions d'assises durent quinze jours, un tel laps de temps passé par l'ouvrier hors de l'atelier semble inadmissible. Il faudrait recueillir et contrôler ces observations et bien d'autres dans une enquête que nous avons à peine ébauchée.

produit jusqu'ici des résultats médiocres, cette idée paraît juste en soi, à la condition que chaque commission conserve bien le caractère qui lui est propre. Nous entendons par là que la première doit être une commission *de présentation* et la seconde une commission *de sélection*.

On sait comment est composée à l'heure actuelle la première commission : en province, du juge de paix, président, de ses suppléants et des maires de toutes les communes du canton ; à Paris, pour chaque quartier, du juge de paix, président, du maire de l'arrondissement, du conseiller municipal nommé dans le quartier et de quatre anciens jurés.

Cette composition paraît rationnelle. Il est clair, en effet, que la commission cantonale ne peut remplir utilement sa tâche qu'à la condition que ses membres soient en contact direct et quotidien avec ceux dont ils ont à apprécier les titres. Or, dans chaque commune, nul ne peut, mieux que le maire, appeler au jury tel ou tel citoyen.

A ce point de départ, qu'on le remarque bien, toute comparaison avec les législations étrangères risquerait de nous égarer. Ainsi, l'on peut bien croire qu'une loi récemment promulguée en Suisse et donnant au conseil municipal de chaque commune le soin de fixer, *après discussion et vote*, la liste de présentation des jurés, fait merveille dans le canton de Genève. Mais, en France, un pareil système aurait l'inconvénient d'introduire les passions locales dans la confection des listes du jury, et de confondre ce qu'il faut séparer à jamais : la justice et la politique.

Pour ce même motif, nous repoussons la proposition de M. Boysset, qui donnerait chez nous la présidence de la commission cantonale au conseiller général. Laissons cette présidence à un magistrat de l'ordre judiciaire, mais, au sujet du choix de ce magistrat, faisons une observation.

Il faut bien reconnaître que quelques juges de paix n'ont pas encore, au point de vue de l'autorité personnelle et de l'indépendance, les qualités que de nouvelles lois touchant à leur recrutement et à leur compétence vont tenter de leur donner. Les maires n'ont pas toujours en eux un président aussi ferme, aussi sévère au besoin, et aussi détaché de la politique qu'il le faudrait. Nous souhaitons que la présidence de la commission cantonale soit désormais, et jusqu'à nouvel ordre, confiée à l'un des juges du tribunal civil d'arrondissement. Ce président, mieux dégagé de la politique locale, aura aussi plus d'autorité pour rappeler aux maires l'étendue de leurs devoirs. Ceux-ci (il faut, hélas ! le reconnaître) ont souvent grand besoin d'être stimulés. En bien des régions, non seulement ils ne se rendent pas à l'appel du juge de paix, mais ils ne daignent même pas s'en excuser ! Il faudrait que le président de la commission eût de l'autorité morale pour rappeler les maires à leur devoir, et au besoin des sanctions pour les contraindre [1].

La Commission cantonale étant composée et la liste préparatoire formée, la loi ordonne que cette liste soit déposée au greffe.

Cela signifie sans doute qu'elle doit être mise à la disposition du public, et cela a son importance. Il faut en effet que le public puisse contrôler les choix, et au besoin porter ses réclamations devant un tribunal [2]. Mais, en fait, tout le monde ignore en France ce dépôt au greffe, qui a eu lieu sans publication préalable ; nul n'a jamais l'idée de prendre

---

1. Une petite réforme pratique, demandée par beaucoup de juges de paix, consisterait en ce que la loi prescrivît de réunir les maires pour la formation de la liste préparatoire du jury, non pas dans la première quinzaine d'août, comme cela a lieu actuellement, c'est-à-dire à un mauvais moment pour les cultivateurs, mais en mars ou en avril.

2. En Italie, la liste préparatoire est *publiée* le 15 octobre et tous ceux qui ont des réclamations à faire peuvent les porter dans les quinze jours de cette publication devant la *junte* (commission) qui a dressé la liste. — Pour les listes de *district* (arrondissement), elles sont publiées avant la fin de novembre et restent affichées à la porte de la préfecture et de la maison commune. Dans les dix jours, quiconque a des réclamations à faire doit les soumettre à la Cour d'appel. — Enfin la liste définitive des jurés reste affichée en permanence dans la salle des Pas perdus de chaque tribunal.

connaissance de la liste préparatoire, et si, par un extraordinaire hasard, quelqu'un la parcourait et avait de graves objections à soulever contre un des noms qui la composent, il ne saurait comment les formuler, car le recours n'est pas organisé[1].

Nous demandons qu'on revienne en France aux principes de notre loi des 2-10 juillet 1828, qui, à l'exemple de l'Angleterre, ordonnait l'affichage des listes et organisait de sérieux recours.

Bien que ces changements aient une réelle importance, nous n'en attendons pas de résultats bien décisifs; c'est à la deuxième commission, à la commission de sélection que nous allons demander des éléments de transformation profonde.

Dufaure la considérait comme la clef de voûte de son système : constatons que ses espérances ont été malheureusement déçues. La commission d'arrondissement n'a pas actuellement d'influence réelle, et s'approprie presque sans contrôle l'œuvre de la commission cantonale.

C'est cependant à cette deuxième commission, renseignée par les choix locaux, qu'incomberait le devoir d'agrandir, d'orner, de façonner la liste en y apportant des éléments d'aptitude plus variée et plus haute! Dufaure voulait qu'elle pût ajouter

1. V. *L'accusé devant la loi pénale de France* par Marcy, p. 279.

des noms nouveaux, « sans toutefois que le nombre de ces noms pût excéder le quart de ceux qui sont portés pour le canton ». Elle n'en ajoute aucun. Pourquoi?

D'abord et toujours à cause de l'inertie générale du Français dans l'accomplissement de ses devoirs civiques. Les prescriptions de la loi, exécutées incomplètement et avec ennui, deviennent formalité vide, routine pure ; on prend la liste préparatoire, on retranche distraitement quelques indignes, quelques morts (on en oublie), on enregistre, et tout est dit!

Comment secouer la torpeur de cette commission, lui donner plus de zèle et de vie?

D'abord, comment est-elle aujourd'hui composée? En province, pour chaque arrondissement, du président du tribunal civil, des juges de paix et des conseillers généraux; à Paris, pour chaque arrondissement, du président du tribunal, du juge de paix, du maire, des quatre conseillers municipaux.

Pourquoi ne pas introduire dans cette assemblée plus d'éléments divers? la faire plus variée pour qu'elle soit plus active et plus vivante?

C'est avec la pensée très sage de sauver le jury de la politique que Dufaure avait donné dans ses commissions la prépondérance à l'élément judiciaire, mais il nous faut aujourd'hui faire un pas de plus en avant. Un magistrat doit en effet présider ces réunions, en bannir la politique, y enseigner la loi, exclure les indignes ; mais là se borne évidemment son rôle, qui est tout de contrôle et de pondération. Il n'a point de compétence particulière pour prendre l'initiative de choix heureux et variés. Adjoignons-lui donc de véritables *agents de désignation*. Mais lesquels ?

Nous avons repoussé tout à l'heure, pour la confection de la liste générale, le système des catégories, qui enfermait l'aptitude légale au jury dans des groupes arbitrairement choisis. Mais ici, dans ce travail de sélection dernière, il y aurait peut-être lieu de chercher une application intelligente de l'idée fondamentale de ce système. Pourquoi diverses catégories sociales, dont la représentation dans le jury est indispensable, n'auraient-elles pas des délégués spéciaux dans la deuxième commission ?

Pourquoi par exemple n'y ferait-on pas entrer un membre de l'Université qui présenterait une liste de professeurs ? les présidents du Tribunal et de la Chambre de commerce qui présenteraient des noms de commerçants ? Pourquoi enfin n'y pas admettre le président et le vice-président du Conseil des prud'-hommes, l'un patron et l'autre ouvrier, qui désigneraient quelques-uns de leurs pairs ?

Parmi les noms proposés par ces diverses personnes, dont la variété apporterait à la commission un élément d'intérêt et de vie, on pourrait facilement faire des choix brillants et solides, qui, s'ajoutant dans la proportion d'un quart à la liste de présentation, viendraient élever le niveau de la liste définitive.

Dira-t-on que la commission de sélection, facile à composer à Paris, sera plus difficile à constituer dans chaque arrondissement? Cela est vraisemblable; aussi pensons-nous qu'il y aurait avantage à réduire le nombre de ces commissions, à n'en avoir qu'une par Cour d'assises. Siégeant dans une ville assez importante, éloignée du canton, du clocher, des compromissions locales, composée de personnalités tout à fait indépendantes, cette commission remplirait sa tâche dans de meilleures conditions.

A Paris (et c'est Paris qui nous occupe particulièrement) la constitution de cette commission serait toujours aisée et brillante. Peut-être, grâce à elle, verrions-nous enfin une liste du jury digne de la grande cité. Esquissons la physionomie de cette liste souhaitée.

Le lecteur se souvient que, d'après nos recherches et les statistiques que nous avons établies, le jury de la Seine se compose actuellement surtout de petits négociants, détaillants, et d'un grand nombre de restaurateurs et débitants de boissons.

Si un juré est choisi dans ma rue, il y a bien des chances pour que le choix se porte sur le marchand de vins, dont l'établissement est un centre de conversations animées, et qui n'est point dépourvu d'influence politique; sur ce marchand de vins, dont la funeste loi du 17 juillet 1880 a fait un tyran redoutable. Mais l'écrivain, le professeur au Collège de France, le propriétaire important, le patron de la grande usine et les meilleurs de ses ouvriers semblent tous dispensés, en droit ou bien en fait, de faire partie des trois mille. Or c'est à ces personnalités diverses que nous souhaitons voir confier le dépôt de la justice criminelle, et elles seront facilement désignées par notre commission de sélection réformée.

CHAPITRE IX

Comment choisir le Président d'assises ? — Nécessité d'un code
d'organisation judiciaire ; son principe fondamental : magistrats peu nombreux, recrutés avec soin, largement rétribués.
Placer de hauts magistrats à la tête des Cours criminelles ;
les attacher longuement à ce service. — Le ministère public
exclu de toute ingérence dans le choix du Président ; élection du Président par la Cour d'appel. — Capacité du juge ;
chassé-croisé actuel entre divers services : les « Maître Jacques »
du Droit. — Spécialisations nécessaires. — De grands juges
criminels.

I

A ces jurés mieux choisis quel président donne-
rons-nous ?

Nous voudrions, on le sait, que le président des
assises, siégeant sans assesseurs à côté du jury,
eût de plus en plus à ses yeux la physionomie d'un
guide sûr, d'expérience reconnue, d'évidente impar-

tialité. Comment s'approcher, plus près encore que nous ne le sommes à l'heure actuelle, d'un tel idéal?

Ici, on le sent bien, nous touchons à une question générale, encore ouverte dans ce pays : celle du recrutement de la magistrature. Cette question si délicate et si complexe fera l'objet d'un grand débat, le jour, prochain sans doute, où la France voudra posséder, à l'égal de tant d'autres nations, un Code d'organisation judiciaire. Peut-être nous permettra-t-on d'indiquer par avance que, dans un tel débat, les principes qui, selon nous, pourraient inspirer la réforme, se résument en cette brève formule : un petit nombre de magistrats, choisis avec un soin extrême, destinés de fort loin par leurs travaux et leurs aptitudes à la mission spéciale qu'ils doivent accomplir, pourvus de traitements larges, immuables sur leurs sièges, affranchis autant que possible des soucis dangereux de l'avancement... Mais ce problème ainsi posé dépasse le cadre de ces études. Contentons-nous ici, envisageant la magistrature telle qu'elle est, de rechercher les mesures propres à en extraire le meilleur président d'assises.

D'abord, pourquoi ce président est-il choisi parmi les conseillers?

Nous nous refuserons toujours à comprendre pourquoi, à Paris par exemple, la Chambre des appels de police correctionnelle et les Chambres civiles, où

parviennent tant d'affaires minimes, ont à leur tête
des présidents de Chambre, tandis que la Cour criminelle, juridiction sans appel, est dirigée par un
magistrat hiérarchiquement inférieur et investi pour
quelques jours de si difficiles fonctions[1] ! Notre désir
serait de voir créer une fonction nouvelle pour le
« président des assises », et de le voir placer sur un
des plus hauts degrés de l'échelle judiciaire[2]. Si
l'on ne veut point créer ce titre nouveau, on pourrait du moins choisir les présidents d'assises parmi
les présidents de Chambre de la Cour d'appel. Ces
hauts magistrats seraient affectés d'une manière stable
au service criminel, comme ils sont à l'heure actuelle
affectés au service d'une Chambre quelconque[3].
Cette solution, si naturelle, s'imposerait le jour où
l'on supprimerait un grand nombre de Cours d'assises inoccupées, n'en laissant subsister qu'une au
siège de chaque Cour d'appel.

Mais juge-t-on ces modifications trop difficiles et
trop lointaines ?

Il en est une, urgente, et facile à réaliser.

Éloignons le ministère public de toute ingérence

1. Voir page 110.

2. Voir page 115.

3. Ces mesures n'entraîneraient aucune augmentation du personnel judiciaire, car elles coïncideraient avec une réduction
considérable du nombre des conseillers... Rappelons, en passant,
que le nouveau président des assises siégerait sans assesseurs.

dans le choix du président, de toute influence sur lui. Autant il est indispensable d'avoir en France un Parquet fortement constitué, autant il faut éviter que le juge soit atteint du soupçon, même injuste, d'être dans les mains du Parquet.

Or, nous avons montré, dans la partie critique de cette étude, comment le ministère public est devenu peu à peu maître de la désignation des présidents, de même qu'il s'est peu à peu arrogé le droit de distribuer les dossiers aux juges d'instruction. Il y a eu là tout un sourd travail d'empiétements successifs et comme involontaires. Il faut remonter ce courant fâcheux et, à cet effet, abandonner d'abord la pratique actuelle qui confie le choix du président d'assises « au ministre éclairé par ses procureurs généraux ».

Treilhard voulait, en 1810, que ce choix fût laissé aux premiers présidents. On sait que cette solution, à laquelle le texte de la loi actuelle semble favorable, n'a pu prévaloir contre la manie centralisatrice qui a si souvent chez nous inspiré les gouvernements. Elle était pourtant, en bonne justice, supérieure à la solution adoptée. Si j'étais accusé, je trouverais insupportable que mon juge fût choisi par celui qui m'accuse, et fort naturel qu'il fût désigné par un de ses pairs, juge inamovible et indépendant comme lui. Mais objectera-t-on encore que le premier président pourrait lui-même, dans l'organisation actuelle, subir de quelque manière l'influence de la Chancellerie et du Parquet? Il faudrait en ce cas revenir à la première rédaction de notre Code criminel, c'est-à-dire à *la désignation du président d'assises par la Cour elle-même.*

Cette solution est la nôtre. Les raisons qui l'avaient fait écarter en 1810 nous semblent aisément réfutables.

Et d'abord est-il vrai, comme le pensait M. de Noailles, qu'en accordant cette nomination aux Cours, on eût excité « le plus grand désordre, fruit de l'intrigue et de l'amour-propre » ? Cette objection n'a guère plus qu'une valeur historique. Sous le premier Empire, on n'avait garde d'oublier les émeutes parlementaires du xviiie siècle, et il semblait aux fondateurs de la nouvelle monarchie que, sous le prétexte d'une présidence d'assises, quelque brouillon ressemblant comme un frère à Duval d'Esprémenil pût encore surgir de l'élection des Cours.

Nous n'avons plus les mêmes craintes et peut-être aurions-nous une crainte opposée. Les Compagnies judiciaires, qui étaient assurément, à la fin du xviiie siècle, trop imbues de l'esprit de corps, trop remuantes, adonnées à l'intrigue et à la politique, manquent aujourd'hui, au contraire, de cohésion, de vie et d'unité, tendent trop à devenir des groupements fortuits et passagers. Il n'y a donc pas lieu d'être hostile aux mesures qui pourraient rendre à ces compagnies un peu d'initiative et de vie collective.

Nous trouvons d'ailleurs dans notre législation actuelle un excellent exemple de désignation des magistrats par leurs pairs. Comment sont recrutés les membres du premier des tribunaux de France, de celui qui a été créé en vue de fournir aux justiciables les garanties d'une impartialité suprême : du Tribunal des conflits? Les conseillers d'État et les conseillers à la Cour de cassation qui composent cette juridiction sont élus par leurs collègues, et ils élisent eux-mêmes au scrutin secret leur vice-président. Ces choix si importants laissés aux compagnies, loin de donner lieu à des réclamations, assurent de façon supérieure le fonctionnement d'une juridiction respectée. Voilà un précédent qui peut encourager à laisser aux Cours d'appel l'élection des présidents d'assises. D'ailleurs, en 1810, la vraie raison qui a fait rejeter ce mode de désignation était l'effroi qu'inspirait l'idée d'une magistrature indépendante, et cela suffit à démontrer qu'il serait bon d'y recourir aujourd'hui.

Mais notre président d'assises ne doit pas être seulement, comme le voulait Daunou [1], « indépendant

1. Voir son *Essai sur les garanties individuelles.*

des ministres », il faut aussi qu'il soit un criminaliste d'expérience et de valeur indiscutable. Comment arriver à ce but?

II

Pour que le mode de nomination du président d'assises garantisse sa capacité, il faut que ce juge soit choisi parmi les magistrats les plus profondément versés dans l'étude et dans la pratique du droit pénal.

La science du droit criminel, qui tend à devenir de plus en plus complexe et dépendante de plusieurs sciences voisines, est dès maintenant assez vaste pour exiger de ceux qui en doivent faire les applications les plus difficiles une longue et studieuse préparation. Or, nous l'avons montré avec quelques détails [1], le président d'assises actuel n'est pas toujours un criminaliste; il a souvent fait sa carrière « au civil » et il aspire à y rentrer définitivement sous la toge à revers d'hermine des présidents de Cour. Sans doute, un conseiller qui a pu diriger des Parquets ou faire, ici et là, quelque peu d'Instruc-

____

1. Voir page 124.

16.

tion, acquiert assez vite, comme président des assises, le tour de main, le tact, et l'aisance qui paraissent suffire à tout. Mais ce sont là des dons dangereux. Comment un homme, si réelle que soit son intelligence, apporterait-il des idées de quelque valeur dans ces affaires entièrement différentes auxquelles il passe du jour au lendemain ?

Voilà un magistrat envoyé brusquement du civil au criminel. Hier il jugeait une affaire de finances; le voilà aujourd'hui aux prises avec les redoutables problèmes de la médecine légale ! Cette conception, qui consiste à faire du magistrat une sorte de « maître Jacques » du droit, est, il faut l'avouer, une conception d'un autre âge.

En effet, il y a cent vingt ans, un conseiller au Parlement, jugeant à six heures du matin un procès civil selon la coutume de Paris, réglait à huit heures en administrateur quelque question touchant l'Université ou les hôpitaux; à midi, devenu préfet de police, il mandait le lieutenant criminel et lui demandait des explications sur l'accident de la place Louis XV; à deux heures, à la Tournelle, faisant fonction de juge criminel, il décidait, loin des yeux insdiscrets, quelques pendaisons ou brûlements... et le lendemain peut-être, à la Cour des pairs, il cassait le testament du monarque ou décidait le budget du pays !

A cette époque aussi, le même docteur cumulait les fonctions de médecin, chirurgien, dentiste, oculiste, apothicaire, chimiste, vétérinaire et même sorcier. Les progrès de la science ont nécessairement conduit aux spécialisations, et il faut bien reconnaître, malgré le pessimisme à la mode, que nos malades s'en trouvent un peu mieux.

Remettons donc les criminels entre les mains de spécialistes, et, sans aller jusqu'à dire avec Garofalo que les juges civils sont de tous les hommes les moins aptes à juger les procès criminels, reconnaissons qu'il y a un intérêt social de premier ordre à confier la solution des problèmes de pénalité à des hommes qui aient consacré leur existence à les approfondir. Mais comment formerons-nous de tels spécialistes ?

On le sait [1], la Révolution avait séparé la justice criminelle de la justice civile, et bien peu s'en est fallu que Bonaparte ne consacrât ce divorce. Si l'on écoutait certains criminalistes, parmi les plus attachés aux théories modernes, nous reviendrions à cette théorie et opérerions aujourd'hui cette séparation complète. Nous avons déjà repoussé cette solution comme trop difficile à réaliser encore, mais nous avons indiqué qu'il faudrait du moins constituer, en

1. Voir page 130.

spécialisant des magistrats à un certain moment de leur carrière, un groupe de sérieux criminalistes.

M. Tarde, partisan de la séparation des deux justices, admettrait cette solution transactionnelle.

« Je persiste à croire, nous écrit-il, qu'il est absurde d'avoir, d'un bout à l'autre de la carrière judiciaire, des magistrats hybrides, à deux fins, que l'on force à enjamber, pour leur avancement, le fossé séparatif des deux espèces de magistrature, celle qui s'alimente des chicanes et celle qui vit de délits. Je voudrais que ce fossé fût à peu près infranchissable ; que, sinon dès l'École de droit, du moins dès ses premiers pas dans la carrière, le jeune magistrat dût opter entre les deux genres d'activité ; qu'il y eût *difficulté de plus en plus grande*, et non, comme maintenant, facilité de plus en plus grande à mesure que l'on s'élève sur l'échelle hiérarchique, à passer d'une rive à l'autre, et que, par exemple, ce fût un avancement régulier pour un juge d'instruction de devenir procureur de la République et non président du tribunal, puis de devenir conseiller d'une chambre *criminelle*, mais non civile [1]...

» On m'objectera que la vie intellectuelle du ma-

___

1. « Pratiquement, ajoute M. Tarde, je conviens qu'il serait onéreux pour le Trésor d'établir, entre les deux natures d'occupation, une différence tranchée au bas de l'échelle, dans les

gistrat perdrait ainsi un peu de sa variété. C'est possible ; mais, d'une part, le magistrat criminel, se sentant enfermé dans le cercle de ses recherches spéciales, les creuserait plus profondément et finirait par atteindre à la source de diversité intérieure que tout sujet creusé à fond fait jaillir ; d'autre part, le juge civil serait délivré d'un grand ennui, celui d'avoir à s'occuper de temps en temps, fastidieusement, — car superficiellement — de questions de pathologie sociale qui ne l'intéressent en rien, parce qu'il les a toujours considérées comme un simple accessoire de ses fonctions habituelles. »

On ne saurait mieux dire, mais ces idées si incontestables se heurtent à un tel faisceau de préjugés, à de telles résistances ataviques, qu'il faudra pour y habituer le monde du Palais beaucoup de prudence et d'obstination. Les générations nouvelles y viendront peu à peu, et il serait bon, pour les y amener, de tirer le droit pénal du rang humilié qu'il a tenu jusqu'ici dans l'éducation juridique. Nous souhaitons donc que, dans l'enseignement général du droit, le

petits tribunaux. Ici il y aurait forcément quelque confusion des genres ; ce serait comme dans la nature vivante où les deux règnes, le végétal et l'animal, *conjunguntur in minimis.* Mais, dès que l'importance d'un tribunal permettrait d'y établir une chambre criminelle à part, il faudrait que sa composition n'eût rien de commun avec celle des chambres civiles. »

droit criminel et les sciences qui s'y rattachent prennent une place plus importante. N'est-il pas étrange que dans la réorganisation du doctorat (qui vient de s'accomplir), le droit criminel (Code pénal et Code d'instruction criminelle) ne soit nulle part exigé[1] ? Il y a là une véritable anomalie à faire cesser, et cela serait d'autant plus facile que nos Facultés comptent à l'heure actuelle plusieurs criminalistes éminents.

Cela fait, ce sera peu de chose sans doute, car enfin, quel que soit l'enseignement de l'école, la science du droit criminel s'acquiert surtout par la pratique. Il faudra donc fixer pour longtemps, sinon pour toujours, nos magistrats criminels dans leurs hautes fonctions, et leur donner une situation telle qu'ils n'aient nulle envie, à Paris par exemple, de gravir un échelon de plus et de changer encore de carrière et d'études en obtenant un siège à la Cour de cassation.

Mais, dira-t-on, ces présidents à vie vont être sans pitié ! Endurcis par le spectacle de tant de crimes, ils deviendront d'une affreuse et inexorable rigueur !

Cette objection serait puérile. Dans la magistrature, comme dans toutes les fonctions et dans tous les

---

1. On ne l'exige, ni dans l'examen pour le doctorat ès sciences juridiques, ni dans celui pour le doctorat ès sciences politiques et économiques.

arts, c'est par l'expérience et par la pratique que l'homme parvient à vaincre les difficultés professionnelles et à acquérir la supériorité. Or la supériorité du magistrat ne consiste assurément pas à être inexorable. Ceux qui deviennent tels (et à coup sûr ils sont rares), ont l'esprit faux, ou bien faussé par les mauvaises habitudes contre lesquelles nous nous élevons depuis le début de cette étude, et qui tendent à faire du juge un auxiliaire de l'accusateur. Qu'on le sache bien, au contraire, le séjour prolongé du président dans le milieu de la Cour d'assises sera d'une importance extrême pour son propre et heureux développement : un petit fait d'expérience nous le prouve chaque jour.

De très modestes fonctionnaires, les commis-greffiers, remplissent durant de longues années leurs fonctions à la Cour d'assises de la Seine ; depuis trente ans, cinq ou six tout au plus se sont succédé dans cette charge. Or ces greffiers, aimés et estimés de tous ceux qui à un titre quelconque (peut-être même au titre d'accusé) ont approché l'audience criminelle, ont rendu et rendent chaque jour des services inappréciables. Ils savent la Cour d'assises, et à ce long exercice, ils sont devenus de plus en plus (je les connais et je le sais) doux, humains, indulgents aux misères.

Si la pratique assidue et la connaissance approfondie d'une fonction modeste conduisent à de si heureux résultats, que sera-ce lorsque des hommes considérables, préparés par des années de labeur, se trouveront investis pour une longue période de la présidence d'assises ?

Parmi eux, sans aucun doute, se formeront de ces grands juges criminels, de science vaste et d'esprit élevé, tels que l'Angleterre nous en offre le modèle, et notre démocratie réalisera enfin une des idées les plus justes qui aient été entrevues au Conseil d'État de Napoléon.

Nous supposons donc nos jurés mieux recrutés, notre président d'assises parfaitement choisi et préparé en vue de sa tâche ; un grand pas sans doute aura été fait, mais l'œuvre sera-t-elle accomplie ?

Pas encore.

A quoi servirait en effet de mettre en présence des jurés et des magistrats excellents, si la loi les obligeait encore, comme elle le fait aujourd'hui, à se cacher les uns des autres, à se mal connaître, à collaborer selon des règles fausses et souvent inapplicables ? C'est donc un des points principaux de ces conclusions que nous abordons maintenant, en étudiant le problème qui consiste à mieux régler à la Cour d'assises les rapports du jury avec le président, le concours des deux magistratures.

CHAPITRE X

Distinction impossible du droit et du fait ; équivoques et
subtilités. — Réformes faciles : explications officielles données
au jury sur la peine ; questions remises aux jurés avant
le duel oratoire ; instructions de droit données par le président. — Les jurés élisent leur chef ; vote public. — Tableau
de l'audience de demain ; sa physionomie plus calme. —
Interrogatoire croisé. — L'expertise contradictoire. — Une
loi trop attendue sur les aliénés criminels.

I

D'après le Code, nous le savons, la tâche du juré et
celle du magistrat sont essentiellement différentes.
Le juré ne juge pas, il se borne à répondre par *oui*
ou par *non* sur la question de culpabilité. Le verdict
n'est donc qu'un témoignage, un acte suprême d'information, un constat décisif ; ce n'est pas un arrêt.
Le juré ne peut songer aux conséquences de son

verdict, à la peine qu'il entraînera, sans sortir des limites de son mandat...

Or, nous l'avons montré[1], tout cela n'est qu'un leurre. Les jurés songent à la peine; la loi même, après le leur avoir défendu par un de ses articles, les y convie en leur soumettant la question des circonstances atténuantes, qui n'est autre que la question de l'adoucissement de la peine. Et, grâce à ce procédé, le juré ne peut, ni ignorer complètement la loi, ni la comprendre clairement.

En effet, à l'audience on parle de la peine, des articles de loi visés par la poursuite, mais on en parle mystérieusement, à mots couverts, à bâtons rompus, comme l'on parle de choses prohibées... Le juré comprend mal, il est inquiet, il ne peut obtenir d'instructions précises; il appelle, pour être éclairé, le président auquel la loi fait un devoir de se taire... Nous demandons qu'il soit mis fin à cette comédie étrange, qu'un parti clair et décisif soit enfin adopté.

Quel sera ce parti?

Supprimer la distinction du droit et du fait, ruiner cette division byzantine qui prétend trancher en deux parts distinctes le jugement d'un acte criminel, réunir en un délibéré commun, portant sur toutes les questions du procès, ces jurés et ces magistrats

---

1. Voir page 99.

qui sans se rencontrer et se connaître se cherchent depuis plus de cent ans, telle est sans doute la conclusion logique de toutes les observations que nous avons présentées.

Cette théorie est celle de *l'échevinage*; elle est actuellement appliquée avec succès en pays étranger, et elle est, selon nous, appelée à un grand développement dans l'avenir. Nous étudierons tout à l'heure l'institution de l'échevinage et son histoire; nous dirons comment, dès maintenant, nous voudrions lui voir prendre une place dans notre organisation judiciaire.

Mais notre pays, on le sait, est lent à adopter les idées nouvelles. Changer aussi radicalement nos habitudes judiciaires, substituer au jury, auquel l'opinion est attachée malgré ses imperfections, une institution dont le nom même est aujourd'hui inconnu chez nous, c'est là un but qu'on ne saurait atteindre avant un assez long temps écoulé. Il faut que ce principe de l'échevinage soit discuté et mûri dans l'opinion, il faut en quelque sorte qu'il fasse un stage en France; dans ce but nous proposerons tout à l'heure de le mettre en pratique, non pas pour le jugement des faits de haute criminalité, mais pour celui d'une catégorie d'infractions moins importantes.

Ici, désireux avant tout de proposer des améliorations pratiques et facilement réalisables, nous allons indiquer quelques réformes qui, sans porter une atteinte directe aux traditions de notre Cour d'assises rendraient plus nets et plus pratiques les rapports entre jurés et magistrats.

Précisons ces réformes.

Nous demandons d'abord que le ministère public et l'avocat, loin d'être obligés par le Code à ne pas s'expliquer sur la peine, se voient imposer le devoir de faire connaître exactement au jury les diverses conséquences légales des questions qui lui seront posées.

Afin que le jury comprenne bien ces explications, nous demandons que les questions, au lieu d'être posées après la clôture des débats, soient formulées par le président des assises et remises par écrit aux jurés, *immédiatement après l'administration de la preuve, avant le réquisitoire et la plaidoirie.*

Ce procédé d'ailleurs est de règle en Autriche et en Allemagne [1].

Ces premières mesures auront déjà pour résultat

---

1. Voyez *Code de procédure pénale allemand*, par Fernand Daguin, p. 108; et l'article 290 de ce Code, lequel est ainsi conçu : « Après la clôture de l'administration de la preuve (*Beweisaufnahme*), il sera donné lecture des questions. Le président pourra les communiquer en copie aux jurés, au ministère public et à l'accusé, et il sera tenu de le faire toutes les fois qu'une demande sera déposée à cet effet. »

de préciser en temps utile aux yeux des jurés l'objet et l'étendue de leur tâche, de prévenir des erreurs et des malentendus qui se produisent en France tous les jours.

Ce n'est pas tout. Il faut qu'après les plaidoiries achevées, le président des assises prenne à son tour la parole.

Voudriez-vous revenir au résumé? va-t-on s'écrier. Nullement. Nous demandons que le président ait le devoir de donner aux jurés des *instructions de droit*, en leur faisant connaître, les textes à la main, le mécanisme des questions qui leur ont été posées. Actuellement, ce magistrat, qui doit « *s'abstenir de faire connaître aux jurés les conséquences légales de leur déclaration* », peut cependant, « *si le défenseur les a induits en erreur sur la gravité de la peine, rectifier ce qu'il y a d'erroné dans ces assertions!* »

Il faut en finir avec ces équivoques et ces bizar-reries, et, adoptant une disposition analogue à celle de l'article 300 du Code de procédure pénale alle-mand, dire que « le président, *sans entrer le moins du monde dans l'appréciation des preuves*, indiquera aux jurés les points de droit à prendre en consi-dération dans l'accomplissement de leur mission ». Ainsi les jurés connaîtront enfin la loi pénale qu'ils doivent indirectement appliquer, et le président, qui est leur guide, ne feindra plus de voiler à leurs yeux ce qui est à l'audience l'objet des préoccupations de tous.

Les jurés rentreront donc dans leur salle mieux éclairés sur leur tâche; mais si, au cours du délibéré, des éclaircissements sont encore nécessaires, nous demandons qu'il soit interdit au président des assises de pénétrer seul parmi eux. Nous l'avons dit, tant que l'idée de la séparation des deux magistratures sera maintenue, la réunion du président et des jurés avant le verdict n'est admissible que si l'accusateur, la partie civile, l'accusé et son défenseur sont présents, s'ils peuvent exercer au moment de cette consultation décisive le droit de contrôle mutuel qui n'est blessant pour personne, et qui est si nécessaire à l'œuvre de justice [1].

Le recrutement des deux magistratures et leurs rapports entre elles se trouvant ainsi modifiés, d'importantes réformes se produiront d'elles-mêmes à l'audience de demain. Esquissons-en le rapide tableau.

---

1. *L'Accusé devant la loi pénale de France*, par Henry Marey, p. 253 et suivantes. La loi suisse et la loi allemande exigent, pour tout éclaircissement demandé au président des assises par le jury, le *retour de celui-ci à l'audience même*. En Autriche le président peut, à la demande des jurés, se rendre au milieu d'eux, avec le greffier, *l'accusateur et l'accusé*. — De même en Italie. En Espagne, toute demande d'explication entre les jurés et le président doit se faire *par écrit et sans déplacement*.

II

Avant tout, à l'audience future, le plus grand calme régnera. Le président, dans sa haute situation d'arbitre, visiblement dégagé de tout lien avec l'accusation, aura l'autorité morale nécessaire pour contenir les passions des acteurs et des spectateurs du drame judiciaire.

Récemment encore des cris : « A bas le jury ! A mort le jury ! » troublaient la Cour d'assises de la Seine. Pour réprimer de tels scandales, le président est suffisamment armé par la loi actuelle ; mais les armes dont il dispose sont souvent aujourd'hui impuissantes dans ses mains. On peut l'accuser (fût-ce injustement) d'en user pour entraver la défense ; cela suffit pour qu'il ne puisse sévir, ou pour que ses sévérités excitent de violents orages.

Il n'en sera plus ainsi désormais. Tout ce qui garantit la liberté et l'impartialité du juge le rend aussi plus fort pour assurer les droits de la défense sociale. Le président aura donc plus de vigueur et d'initiative ; il redoutera moins les résolutions personnelles et les responsabilités qu'elle engendrent.

On le verra rejeter du débat « tout ce qui tendrait inutilement à le prolonger », et pratiquer hardiment des coupures dans ce scénario de la Cour d'assises que de fâcheux usages développent outre mesure. L'accusation et la défense, sous son action ferme et discrète, se décourageront d'amener à l'audience ces troupeaux de témoins inutiles qui préparent, en attisant les passions et les haines, l'appareil dangereux des incidents, des longues luttes oratoires. Et on ne croira plus, au xxᵉ siècle, qu'il faut qu'une affaire, pour peu qu'elle soit « une belle affaire », ait au moins cinq actes et quinze tableaux comme un drame de l'Ambigu.

Dès l'ouverture du débat, le président veille à ce que l'attention du jury, toujours si précaire, soit concentrée sur quelques points essentiels. Au lieu d'engager la discussion par un interrogatoire long et passionné, il se réserve d'intervenir avec autorité après chacun des témoignages pour provoquer les explications de l'accusé. L'acte d'accusation est réduit aux termes les plus simples... Pourquoi même lire ce document? Ne suffit-il pas que le greffier donne lecture de l'*arrêt de renvoi?*

L'acte qui ouvre l'audience est un exposé du sujet de l'accusation par le ministère public. L'accusateur est dans son rôle en disant aussitôt ce qu'il entend prouver. C'est de son court exposé que les jurés reçoivent, après avoir prêté serment (ou fait, s'ils le désirent, une simple promesse), la première notion du problème qu'ils auront à résoudre.

L'accusateur a sa place au parquet, auprès de l'avocat et au-dessous du juge. Il est, comme ce dernier, un criminaliste d'expérience, fixé pour long-temps, à Paris du moins, à la Cour d'assises. On ne le voit pas, comme aujourd'hui, regretter « le civil », aspirer « au civil », et faire avec ennui et comme en pénitence un court service au criminel.

De bons esprits voudraient que la partie oratoire des fonctions du ministère public fût, comme en Angleterre. confiée par le gouvernement à certains avocats.

Ce système a de grands avantages, mais il est trop éloigné de nos traditions judiciaires et, en outre, il offrirait chez nous l'inconvénient de rendre plus ardente encore la lutte de parole, et d'augmenter ainsi les défauts de ce « duel oratoire » auquel nous désirons ardemment voir de jour en jour se substi-tuer une calme recherche scientifique. Souhaitons donc seulement que certains membres de nos grands parquets, préparés de longue main aux services cri-minels, y puissent trouver, ainsi que les présidents, un emploi stable et honoré.

L'accusation, représentée par ces hommes expéri-mentés, ne fera plus consister uniquement son rôle

17.

dans une harangue d'apparat. Nous la voyons, à l'audience future, intervenir de préférence, ainsi que l'avocat, au moment de l'administration des preuves. C'est au cours des témoignages, des déclarations des experts, que s'établit une discussion simple et substantielle qui doit éclairer le jury.

Pourquoi n'irions-nous pas jusqu'à confier au ministère public et à l'avocat le soin « d'interroger eux-mêmes » les témoins et les experts « s'ils en font la demande d'un commun accord? » Cette disposition, imitée du Code de procédure allemand[1], ne peut avoir que de bons résultats. En effet, tout ce qui place le président d'assises en dehors de la lutte, au-dessus du débat, ne fait que le grandir. Ce n'est pas, nous l'avons dit, que nous voulions interdire en principe au président le droit d'interroger l'accusé, les témoins, les experts ; mais plus ses interventions

---

1. Voir sur le *Kreuzverhör* (interrogatoire croisé) le *Code de procédure pénale allemand*, par F. Daguin. *Introduction*, p. 102. L'article 238 du Code allemand est ainsi conçu : « Le président confiera le soin d'interroger les témoins et experts désignés par le ministère public et par l'accusé au ministère public lui-même et au défenseur, s'ils en font la demande d'un commun accord. Le ministère public aura le droit d'interroger le premier les témoins et experts désignés par lui ; le même privilège appartiendra au défenseur à l'égard des témoins et experts désignés par l'accusé. Le président, de son côté, aura le droit, après cet interrogatoire, d'adresser aux témoins et experts toutes les questions qui lui paraîtront nécessaires pour élucider plus complètement l'affaire. »

seront rares et discrètes, plus grande sera son autorité morale.

Quand les deux parties, d'un commun accord, questionneront les témoins, le président sera si visiblement à sa place d'arbitre que c'est vers lui sans aucun doute que les yeux des jurés se tourneront lorsque, au cours de ces interrogatoires, l'accusation et la défense céderont à la passion. Le président redressera les erreurs commises; nos jurés, comme les jurés anglais, sentiront qu'ils ont un guide, et la confiance sans laquelle il n'est point de collaboration féconde s'établira entre nos deux magistratures.

III

Une autre réforme, facile et toute préparée, fera disparaître une grave cause de trouble dans l'audience de demain : c'est la réforme de l'expertise.

Chacun reconnaît aujourd'hui que son intervention mal réglée expose les jurés à de graves erreurs[1] : il est certain pourtant que cette intervention est de jour en jour plus importante, et que le rôle de

1. Voir *Les erreurs judiciaires et leurs causes*, par Maurice Lailler et Henri Vonoven, avocats à la Cour d'appel, Paris, Pichon, p. 97 à 117.

l'expert en matière criminelle prendra dans l'avenir une extension qu'on peut à peine prévoir.

Pour le présent, les expertises amènent trop souvent des débats violents et confus, aboutissant à des verdicts étranges. On voit cette consultation, qui devrait être si calme et si technique, se transformer soudain en appareil de guerre. C'est l'arsenal où d'ignorantes mains vont puiser au hasard, pendant la lutte théâtrale, des traits et des raisons ! Discutée oratoirement, l'expertise bientôt perd son autorité, et partage les chances de tous les arguments produits au cours d'une discussion capricieuse.

Comment faire pour que ce document scientifique, que nul à la Cour d'assises ne peut discuter avec compétence, parvienne à s'imposer à tous ?

Pour que l'expertise obtienne un tel crédit, il faut d'abord qu'elle le mérite : elle ne peut le mériter qu'en devenant contradictoire. Cela signifie que, dans toute expertise, il faut que les intérêts de l'accusation et les intérêts de la défense soient séparément représentés. Deux experts seront désignés, l'un par le juge, l'autre par l'inculpé, et leurs conclusions seront prises en commun, après avoir été discutées contradictoirement. Dès lors nul n'aura plus à l'audience intérêt à combattre l'expertise ; le jury ne pourra concevoir aucune défiance, et ce document essentiel prendra toute son autorité.

Comment organiser cette expertise contradictoire?
« Il faut, dit M. Guillot[1], que l'expert désigné par le
juge et l'expert désigné par l'accusé aient les mêmes
prérogatives, la même situation. Ils seront institués
au même titre, non pour se combattre et s'espionner,
mais pour atteindre plus sûrement la vérité par un
commun effort. Ils rédigeront un unique rapport où
leurs opinions se produiront *sous les mêmes garanties*[2] ».

Mais, dira-t-on, cette expertise contradictoire peut
aboutir à un formel désaccord entre les experts! Il
importe que ce cas soit prévu ; il l'a été en Allemagne
où un *tribunal spécial* a été institué pour trancher le
différend, et procurer enfin aux juges un document
scientifique irrécusable. C'est là une partie délicate
et essentielle de cette réforme de l'expertise, que tout

1. *Des principes du nouveau Code d'instruction criminelle*,
p. 205.

2. Ce système a été récemment défendu à la tribune du Sénat
par l'honorable M. Thézard. (Voyez le *Journal officiel* du
28 mai 1897.)

L'inculpé aura-t-il le droit de prendre son expert *partout
où il jugera à propos*, comme cela a lieu en matière civile?
Cette solution ne nous effraierait pas outre mesure. Nous
reconnaissons cependant que l'inculpé aura toute garantie,
même s'il est forcé de choisir son expert sur la liste dressée
chaque année par les Cours d'appel, pourvu que cette liste ait
la composition la plus large et la plus libérale, qu'elle comprenne *d'office* un certain nombre de personnes qualifiées par
leurs fonctions et leurs travaux, telles que les professeurs
des facultés des sciences, de médecine et de pharmacie, etc.

le monde à l'heure actuelle semble désireux de faire aboutir.

Nous nous rallions, quant à nous, au système que le docteur Brouardel, il y a plus de dix ans, exposait en ces termes [1] : « En Allemagne, disait-il, toutes les pièces sont, en cas de contestation, envoyées à une commission scientifique qui porte le nom de *tribunal des superarbitres*. Si deux experts fonctionnent en France, représentant deux intérêts opposés, il nous semble impossible qu'une commission analogue ne soit pas instituée... On n'assisterait plus à ces discussions déplorables qui, chez nous, font soumettre aux jurés, le plus souvent incompétents dans les questions scientifiques la solution des problèmes dont dépend le sort de l'accusé [2]. »

On n'entendra plus ainsi de ces controverses

1. Voyez *Réforme des expertises médico-légales*, par Brouardel. Paris, J.-B. Baillière, 1884, B N. T f³ 77.

2. Sur l'organisation de l'expertise contradictoire et d'un tribunal de superarbitres, voyez Drioux, *Expertises dans les législations étrangères*. Paris, Pichon, 1886, in-8°, pièce B N. T f³ 94. « Il faut, dit M. Drioux : 1° Élever le niveau des études médico-légales ; — 2° Constituer le contrôle des expertises au moyen du superarbitrage ; — 3° Élever le tarif des honoraires des experts. » Ces idées ont été reprises récemment par M. le docteur Ladreit de la Charrière. (Voir le journal *Le Droit* du 18 novembre 1896.) Le docteur de la Charrière demande notamment la création au Ministère de la justice d'une commission permanente chargée de statuer en dernier ressort sur les expertises dans toutes les affaires criminelles.

pseudo-scientifiques entre gens ignorants ou passionnés, qui arrivent parfois (dans les affaires d'attentats à la pudeur notamment) au plus incroyable ridicule. On ne verra plus paraître aux débats des citations d'ouvrages spéciaux heureusement découpées, des consultations fantaisistes venant remettre en litige le point tranché par l'expertise : de telles productions seront interdites.

Et la décision des experts, soit qu'on arrive à interdire aux avocats de l'attaquer [1], soit qu'ils puissent la contester encore, grâce à la liberté absolue laissée à la défense, restera aux yeux de tous une décision sans appel.

IV

Mais il est un certain ordre d'affaires, malheureu-

---

1. M. A. Guillot voudrait que dans chaque faculté de médecine fût instituée une « commission supérieure des expertises » devant laquelle serait porté le débat des questions scientifiques soulevées soit par le désaccord des experts, soit par les objections de la défense. Ce serait devant cette commission supérieure que le défenseur discuterait le rapport. « *La question scientifique serait définitivement tranchée par la décision de la commission et ne pourrait être reprise à l'audience sous aucun prétexte.* »

sement assez nombreuses, où, malgré les meilleures des expertises, on ne saurait arriver aujourd'hui à des décisions satisfaisantes : ce sont les affaires concernant des *aliénés criminels*. Lacune déplorable de notre code : le cas de l'aliéné criminel dangereux *n'est pas prévu* par la loi française! Déclaré irresponsable par l'expert, il sera acquitté, et pourra recommencer à nuire! — Cependant, objectera-t-on, après l'acquittement, l'aliéné sera conduit dans un asile? Peut-être; mais très souvent un court séjour dans cet asile guérira son accès, et ses gardiens *seront obligés de lui rendre la liberté.* « Il n'y a pas en effet, dans la loi française, dit fort justement le docteur Motet[1], un seul article qui oblige le directeur d'un asile à retenir un incendiaire, quels que soient le nombre et la gravité de ses méfaits, si, dans ce milieu nouveau, où toute cause d'excitation est absente, il ne se produit pas de faits qui démontrent la nécessité de le maintenir. »

Comment s'étonner qu'en pareil cas le ministère public et la défense se trouvent à l'audience dans la situation la plus pénible et la plus fausse? L'acquittement de cet aliéné dangereux pourra être funeste au point de vue de la défense sociale, et sa condamnation serait une évidente injustice! Quel trouble

---

1. *Des aliénés criminels*, par le docteur A. Motet, p. 12.

alors pour le jury !... Au temps heureux de notre audience de demain, la France sera, nous l'espérons, en possession d'une réforme depuis longtemps étudiée et mûrie, et que l'Angleterre notamment a réalisée [1] depuis cinquante ans : elle aura une loi sur les aliénés criminels !

Alors l'irresponsabilité de l'accusé acquitté pour démence *devra être constatée par le jury en réponse à une question qui lui sera posée par le président des assises* [2]. Des asiles, ou des quartiers spéciaux dans les asiles existants, seront affectés à l'internement des individus relaxés ou acquittés en raison de leur état mental. La sortie pour cause de guérison d'un individu interné à la suite d'une décision judiciaire ne pourra être accordée *que si une commission juge cet individu « non suspect de rechute »*. L'adoption de ces mesures si sages fera disparaître une grave cause de trouble pour la conscience des jurés.

---

1. Voyez la remarquable étude que M. le docteur A. Motet a publiée en 1881 sous ce titre : *Broadmoor criminal lunatic Asylum.* En Angleterre, le jury déclare l'accusé *guilty but insane* et il est gardé après l'acquittement *in strict custody* jusqu'à ce que *la Reine en ait décidé autrement.*

2. Voir sur ce point spécial, qui ne laisse pas d'être délicat, le rapport présenté par le docteur A. Motet au cinquième Congrès pénitentiaire international.

Voir aussi la *Proposition de loi sur le régime des aliénés* présentée par M. Joseph Reinach en 1890, section III, article 36 et suivants.

Ceux-ci, dans notre audience réformée, après avoir entendu des témoignages moins nombreux, une expertise plus autorisée, recevront aussitôt la liste écrite des questions qu'ils devront résoudre, et auront ainsi un but précis à donner à leurs réflexions. Ils assisteront ensuite aux péripéties du duel oratoire. Mais, par le fait des interventions de la défense et de l'accusation au cours des débats, bien des arguments auront été déjà produits et la lutte sera plus courte et plus calme. Après la clôture des débats, le président indiquera aux jurés le sens et la portée juridique des questions posées, et leur fera soigneusement connaître la loi pénale. Ainsi préparés à leur tâche, les jurés rentreront moins anxieux dans leur salle ; ils *éliront leur chef*[1], et de cette manière le jury aura réellement un directeur. Aujourd'hui le chef du jury est celui des jurés dont le nom sort le premier de l'urne, et ce mode de nomination donne bien souvent lieu à d'étranges spectacles. Le chef élu par ses collègues aura du moins quelque autorité pour diriger le débat. Si, au cours de ce débat, et avant le vote, nos jurés sentaient le besoin de demander une explication supplémentaire, s'ils souhaitaient poser une question au président, ils rentre-

---

1. L'article 304 du Code de procédure pénale allemand est ainsi conçu : « Les jurés éliront le chef du jury *(Obmann)* au moyen de bulletins écrits et à la majorité des voix. »

raient pour cela soit dans la salle d'audience, soit dans la chambre du conseil ; là en présence du ministère public, de l'accusé et du défenseur, ils poseraient librement leur question, à laquelle il serait librement répondu. Rentrés de nouveau dans leur salle, ils procéderaient au vote, et il serait bon à notre avis de revenir à l'usage du vote *public*, qui a été longtemps pratiqué autrefois sans inconvénient d'aucune sorte [1].

Nous croyons qu'avec ces modifications nombreuses la juridiction de la Cour d'assises sera sérieusement améliorée, aiguillée dans la bonne voie.

Faut-il, après une telle réforme, lui rendre toute la compétence que le législateur du debut de ce siècle avait prétendu lui conférer ? Faut-il même, à l'exemple de l'Angleterre, lui donner à juger la plupart des faits délictueux ?

Nous allons répondre à cette question et terminer notre étude en traçant un plan d'ensemble des juridictions de l'avenir.

---

1. Le vote secret, à notre avis, favorise les défaillances. Voir page 107. Néanmoins, nous reconnaissons que cette question est délicate.

CHAPITRE XI

L'*Échevinage* : idée française adoptée à l'étranger ; son succès
en Allemagne. — Tendance à l'échevinage en Suisse, en Russie,
en Bosnie-Herzégovine. — Réforme urgente de nos tribunaux
correctionnels ; les remplacer par des tribunaux d'échevins. —
Classifications vieillies du Code pénal de 1810. — Nécessité
d'une juridiction de qualification. — Plan général : un juge
de police à compétence étendue ; les tribunaux d'échevins ;
la Cour d'assises réformée.

Les réformes que nous venons d'indiquer dans le
fonctionnement de la Cour d'assises constitueraient
à nos yeux un progrès considérable et nous les
appelons de tous nos vœux.

Ce progrès, cependant, ne sera qu'une étape, et
nous entrevoyons, dans un avenir qui peut-être n'est
pas très lointain, l'adoption d'une forme plus logique
et plus rationnelle de la collaboration du juge populaire et du juge de profession.

Des palliatifs comme ceux que nous avons proposés

pourront bien atténuer les effets du vice originel de la distinction du fait et du droit ; mais tant qu'il restera trace de cette division illogique, elle constituera une cause d'imperfection pour la juridiction criminelle.

La théorie de « l'échevinage », à laquelle nous avons déjà fait allusion, constitue à nos yeux une formule supérieure du concours des deux justices. Faisons donc connaître cette théorie, examinons-la dans ses applications déjà nombreuses. Nous dirons ensuite quelle place nous souhaitons lui assigner dans le plan de reconstruction de notre justice pénale.

I

Cette théorie de l'échevinage, qui nous est devenu si étrangère, et qui est en grande faveur actuellement dans les pays germaniques, est cependant une vieille idée française.

Le 17 juillet 1791, la Constituante avait tenté de remettre au jour ce principe profondément national, en promulguant une loi ainsi conçue : « Le tribunal de police correctionnelle sera composé d'un juge de paix *et de deux assesseurs.* »

Plus tard, la doctrine de l'échevinage trouva d'ardents défenseurs au Conseil d'État de Napoléon. Siméon, Defermon, Treilhard et Target livrèrent un assaut vigoureux à cette distinction du fait et du droit que Tronchet appelait une « pure chimère ». Elle survécut néanmoins et pendant plus d'un demi-siècle on oublia profondément les échevins en France.

Il y a quinze ans, en 1882, plusieurs membres du Parlement, MM. Versigny, Bernard, Pierre Legrand et Martin-Feuillée, songèrent à les tirer de l'ombre, et firent de l'échevinage, ou plutôt de l'assessorat, l'objet de diverses propositions de loi. « L'assesseur, dit M. Pierre Legrand, sera un véritable juge plutôt qu'un juré... Le tribunal, ainsi composé d'un juge et de quatre ou de six assesseurs, prononcera sur le fait et sur le droit ; il prononcera sur l'application de la peine, sur les demandes en restitution et les dommages-intérêts. »

Ces propositions furent peu discutées ; et le motif du rejet dédaigneux du principe de l'échevinage fut à coup sûr son air d'étrange nouveauté. Qu'était-ce que cette juridiction dont on n'avait pas vu d'exemple? L'adopter, disait-on, serait faire un saut dans l'inconnu ! Et l'on n'aime guère dans notre pays tenter des épreuves de ce genre !

Nous avons donc repoussé, il y a quelques années,

le principe de l'échevinage[1]. Il était, à ce moment même, passionnément discuté et bientôt hardiment adopté en Allemagne. Et cette ancienne idée française, l'idée de la Constituante, cette idée défendue au Conseil d'État de l'Empire par nos plus grands jurisconsultes[2], enseignée par la France à l'Allemagne, était définitivement acquise par celle-ci.

Depuis de longues années maintenant, de l'autre côté du Rhin, des tribunaux d'échevins fonctionnent. Il ne s'agirait donc plus, en les instituant chez nous, de faire un saut dans l'inconnu; car nous pouvons contrôler par l'expérience et la pratique

1. C'est en 1878 que M. Dufaure, opposé à l'échevinage, déclara que le système de l'assessorat, employé aux colonies, n'y avait pas donné de bons résultats. Cela mérite deux réponses : D'abord l'échevinage aux colonies, qui a pour but de faire participer aux jugements l'élément indigène, n'est pas très comparable à l'échevinage de la métropole. Ensuite, il nous serait aisé d'établir que l'échevinage colonial dans lequel on a persisté a donné des résultats excellents sur plusieurs points, et en particulier en Tunisie.

2. Il ne faudrait pas croire que l'idée de confondre le fait et le droit dans l'administration de la justice criminelle et d'assurer la réunion complète des juges populaires et des juges permanents n'ait pas eu de partisans en France depuis le premier Empire. Un jurisconsulte dont le nom est justement honoré dans notre magistrature, M. Bédarrides, premier président honoraire de la Cour de cassation, veut bien nous faire connaître qu'il souhaitait et qu'il conseillait, il y a trente ans déjà, cette réunion que nous appelons de nos vœux. Nous sommes heureux d'invoquer ici cette haute autorité à l'appui des idées que nous défendons.

d'un peuple voisin la valeur de l'institution que nous avons dédaignée.

C'est vers 1850, alors que l'idée de l'échevinage sommeillait en France, que certains États allemands songèrent à l'introduire dans leur législation [1]. Cette institution prit racine et se développa notamment dans le Hanovre, la Saxe, le grand-duché de Bade. Cette forme du concours des *laïques* [2] à l'administration de la justice criminelle devint rapidement populaire de l'autre côté du Rhin. En 1875, la commission chargée d'établir dans l'empire allemand l'unité d'organisation judiciaire s'occupa spécialement de cette institution ; le monde savant l'étudia avec zèle et ses destinées devinrent tout à coup éclatantes. Ses principes donnèrent lieu à des discussions passionnées. Entraînés par des hommes profondément convaincus, tels que le procureur général Von Scharwze et le docteur Leonhardt, ministre de la justice de Prusse, beaucoup de criminalistes allemands crurent découvrir dans l'échevinage le remède aux inconvénients que nous avons signalés dans l'institution du jury, et surtout le remède aux difficultés et aux malentendus qui

1. Voyez *Code d'organisation judiciaire allemand*. Introduction, par Dubarle, p. 84 et suivantes.

2. C'est le nom donné en Allemagne aux juges populaires par opposition aux magistrats de profession.

naissent dans les rapports entre les deux magistratures de la distinction du fait et du droit.

C'est au cours de ces controverses célèbres que le docteur Leonhardt, alors ministre, déclara au Reichstag que le jury « semblait une institution qui penche vers le déclin de sa vie, tandis qu'à l'aurore apparaissent les échevins ! » L'enthousiasme (le mot n'est pas trop fort) inspiré par cette doctrine prit de telles proportions, qu'on parut un instant disposé à substituer la justice des échevins *(Schöffengerichte)* à toute autre magistrature. Peu s'en est fallu que l'organisation des juridictions pénales de l'Empire ne se bornât à trois classes, trois échelons de tribunaux d'échevins, destinés à juger les menues infractions, les délits et les crimes.

Il y eut pourtant des résistances, et, à la suite d'un « compromis » célèbre, le Parlement s'arrêta à un système mixte... qui ne brille, il faut en convenir, ni par la logique ni par l'unité. Depuis vingt ans, le tableau des juridictions répressives de l'Allemagne est une sorte de carte d'échantillons des systèmes variés que l'on peut mettre en œuvre pour composer un tribunal avec ou sans l'élément *laïque*. Au bas de l'échelle, un juge unique entouré d'échevins statue sur les petits délits; des délits plus graves sont aussi en très grand nombre renvoyés à cette juridiction par la Chambre criminelle du tribunal régional, faisant légalement œuvre de correctionnalisation. Au-dessus, le tribunal régional, composé de magistrats permanents, sans aucune adjonction de l'élément laïque, juge les délits graves et les crimes les moins importants. Enfin, les grands crimes sont encore jugés par un jury fonctionnant à côté des magistrats, suivant une organisation assez analogue à la nôtre.

Il nous faut borner à ces quelques traits le tableau que nous pouvons tracer ici de l'organisation de l'échevinage en Allemagne.

Depuis vingt ans, cette institution fonctionne dans toute l'étendue de l'Empire. L'important pour nous était de savoir si, pendant cette longue expérience, l'échevinage a donné ce qu'on en attendait. Or les résultats de l'enquête que nous avons entreprise à cet égard semblent parfaitement probants.

D'abord, en fait et en pure statistique, il est démontré que l'importance des tribunaux d'échevins, au point de vue du nombre des affaires qui leur sont soumises, ne tend nullement à décroître, et qu'au contraire *la plupart des délits leur sont déférés*. On ne saurait contester que les *Schöffengerichte* forment aujourd'hui le centre de la juridiction criminelle de l'Allemagne. Si l'on consulte en effet la *Justiz-statistik* de 1895, on voit que de toutes les affaires soumises aux juridictions de répression les échevins ont jugé 86,4 pour 100, les chambres criminelles des tribunaux régionaux *(Strafkammer)* 12,8 pour 100, et le jury *(Schwurgerichte)* 0,8 pour 100. Nous verrons tout à l'heure que, loin de songer à amoindrir la juridiction échevinale, on songe en Allemagne à la développer encore.

Pourtant les échevins ont leurs adversaires, et nous avons recueilli leurs critiques. Les principales portent sur les points suivants : défaut de compétence du laïque, qui n'est qu'un « ballast inutile »; son incapacité en tant que collègue du juge. Le procureur général Elben, adversaire déclaré de l'institution, disait récemment que l'échevin ne sait « qu'opiner du bonnet » ; il condamne à la légère, mais en revanche il ne condamne pas du tout s'il s'agit d'une infraction « de la classe de celles qu'il est lui-même exposé à commettre ».

Les adversaires des échevins reconnaissent cependant que ces juges remplissent leur tâche « avec ardeur et conscience » et que « la fusion des deux magistratures paraît assez sincère, du moins durant le délibéré ».

Enfin, il est à remarquer que tous les criminalistes opposés à l'échevinage déclarent *que l'échevin est, en tout cas, préférable au juré, et que les juridictions d'échevins fonctionnent bien mieux en Allemagne que les Cours d'assises.*

Un des projets de réforme de la procédure criminelle dont le Reichstag est actuellement saisi confère aux tribunaux d'échevins une extension considérable. Ce projet est en harmonie avec les conclusions qui ont été adoptées en 1887 à un important Congrès où la question de l'échevinage et de ses résultats pratiques a été discutée à fond.

Parmi les partisans des *Schöffengerichte* qui ont influé sur les décisions de ce congrès, il faut placer au premier rang M. Süpfle [1], président à Heidelberg, qui, depuis plus de trente ans, dirige des tribunaux d'échevins. Ces échevins, d'après l'éminent magistrat, « participent au jugement de l'affaire réellement et utilement, particulièrement à l'attribution des peines. Les rapports des échevins avec le juge sont respectueux et sincères ; la fusion des deux magistratures est strictement menée à bout. Les échevins acceptent la charge volontiers et avec zèle ; l'éducation judiciaire du peuple est évidente. La juridiction est populaire ; on l'apprécie tellement que son introduction ou extension aux affaires de

----

1. On peut considérer qu'avec MM. Leonhardt et Von Schwarze, (ce dernier est communément appelé le « père des *Schöffengerichte* ») morts l'un et l'autre aujourd'hui, M. Süpfle est l'homme le plus expérimenté de l'Allemagne dans cette matière de l'échevinage, qu'il commença à pratiquer à Bade en 1864. Nous tenons à remercier ici M. Süpfle, et un jeune magistrat distingué, M. Franz Kahn, de leurs communications si intéressantes.

second et premier ordre n'est qu'une question de
temps ; les indications de droit données par le
juge trouvent un sol fertile. Le peuple consen-
tirait volontiers à remplacer par des *Schöffengerichte*
les tribunaux régionaux, *mais non les Cours d'assises,
à cause du jury auquel on reste attaché malgré ses
imperfections reconnues*. Enfin, devant les tribunaux d'échevins chaque procès peut être jugé tout
de suite, ce qui est d'une grande utilité pour les
témoins, qui ont les faits de leur témoignage plus
présents et plus frais à la mémoire que si on laisse
passer trois mois ou six mois, et aussi ce qui abrège
la détention préventive. »

Nommé rapporteur au Congrès de 1887, M. Süpfle
s'attacha à faire ressortir tous ces avantages des
Schöffengerichte, et il fit voter par l'Assemblée les
résolutions suivantes : « L'institution des échevins
donne de bons résultats. L'institution des jurés
donne des résultats défectueux. Il convient d'étendre
les attributions des échevins. »

Tel est l'état actuel de l'opinion en Allemagne sur
cette juridiction nouvelle.

Il serait intéressant de montrer l'extension en
Europe de cette forme du concours des laïques avec
les magistrats dans les juridictions pénales, mais
cela nous ferait sortir du cadre de nos études. Qu'il
nous suffise d'indiquer qu'en Suisse, en Russie et

dans le Code de procédure pénale, tout récent et très remarqué, de la Bosnie-Herzégovine, se dessine une tendance de plus en plus accusée vers l'échevinage.

En effet, à l'exclusion de l'Espagne, la plupart des pays aujourd'hui tendent à repousser la distinction du fait et du droit [1]. A ce point de vue, un exemple significatif nous est fourni par la législation du canton de Genève. Dans ce canton, le président des assises assiste *avec voix consultative* à la délibération du jury *sur la culpabilité*. Quand cette délibération est achevée, le président fait mander *deux juges assesseurs laïques*, c'est-à-dire non gradués en droit « qui forment le trait d'union entre le président et le jury », et *ces trois juges de concert avec le jury se prononcent sur l'application de la peine*.

Ce mécanisme ingénieux, mais un peu compliqué, ne marque-t-il pas une simple halte sur le grand chemin qui conduit à l'échevinage [2] ?

1. Le code de procédure pénale de Belgique admet dans certains cas seulement les jurés et les juges à délibérer en commun, suivant des règles compliquées, imitées de la législation qui a été en vigueur en France, et sans succès d'ailleurs, jusqu'à l'année 1831.

2. Voyez la loi du 1er octobre 1890, applicable à partir du 1er janvier 1891. Cette loi a été commentée par M. Pascaud dans son article *sur la nouvelle Organisation du jury criminel à Genève. Gazette des Tribunaux* du 1er avril 1891.

Depuis que ces études ont paru dans la *Revue des Deux Mondes*, M. Pascaud a bien voulu nous écrire que le mode de

En France, nous l'avons dit, rien n'a été tenté dans cette voie, mais plusieurs de nos écrivains sont partisans de l'échevinage ou se rapprochent de cette doctrine.

« J'aimerais un effort plus grand, dit M. Henry Joly, pour arriver à l'entente des magistrats et des jurés [1]. »

M. Snyers précise davantage ; il voudrait qu'on adjoignît au jury un magistrat, ou un avocat, qui le présiderait avec voix consultative, et serait ce qu'on appelle aujourd'hui le chef du jury. On éviterait ainsi « les réponses contradictoires, ainsi que l'appel du président dans la chambre du conseil [2] ».

Un magistrat, M. Eyssautier, va plus loin encore et conclut nettement à l'échevinage : « La réforme, dit-il, est dans le jury dirigé par le président des assises, délibérant avec lui et sur la culpabilité et sur

concours établi à Genève entre les deux magistratures, bien qu'un peu compliqué, a déjà produit d'heureux résultats. Cet utile renseignement rous est confirmé par M. Florian Racine, avocat à Genève : « Je peux vous affirmer, nous dit M. Racine, que le système en vigueur depuis 1891 a satisfait tout le monde : les magistrats, le public, les avocats et même les accusés. Au début, les avocats redoutaient l'ingérence de la magistrature dans les délibérations du jury... » Ces appréhensions n'ont pas été justifiées, et notre correspondant conclut ainsi : « Je peux dire que ce nouveau système, qui a maintenant fait ses preuves, constitue un sérieux progrès. »

1. *Le combat contre le crime*, par Henri Joly. p. 59.
2. Snyers. Voir *le Jury en matière criminelle*.

la peine, faisant respecter la loi dans la délibération et dans le vote [1]. »

Donnons maintenant sur ce point notre conclusion personnelle. Dans quelle mesure souhaitons-nous voir appliquer en France la théorie de l'échevinage?

II

Nous l'avons dit, le moment ne nous paraît pas venu de substituer au jury des tribunaux d'échevins. La Cour d'assises peut encore, avec les modifications faciles que nous avons indiquées, fonctionner quelque temps de façon assez satisfaisante. Il convient donc d'habituer l'opinion à l'idée de l'échevinage, et dans ce but, d'en faire un essai dont l'urgence et l'opportunité ne puissent être contestées.

Or, parmi nos juridictions pénales il en est une qui, de l'avis de tous, appelle une réforme immédiate et profonde : c'est notre juridiction correctionnelle.

Un nombre incalculable de projets de loi ont été

1. Voyez les œuvres d'Eyssautier sur la réforme judiciaire et notamment son article dans le journal *la Loi* du 14 novembre 1895. Certains auteurs voudraient que le jury statuât *seul* sur la culpabilité et sur la peine. Voir le *Jury-Juge. A propos des erreurs judiciaires*, par J. Berland.

élaborés en vue de cette réforme, et plusieurs de ces projets ont pour but d'introduire dans les tribunaux correctionnels le principe fécond sur lequel a été fondé le jury : la collaboration du juge populaire. Quelques-uns même instituent pour le jugement des affaires correctionnelles des jurys analogues à nos jurys criminels ; ils fondent de véritables Cours d'assises correctionnelles, respectant la division du fait et du droit, fonctionnant avec tous les défauts inhérents à nos Cours d'assises actuelles. On le devine, telle n'est pas notre solution. Si nous avons cru pouvoir, dans une institution ancienne et consacrée comme notre Cour d'assises, conserver quelque temps encore, en atténuant ses effets, le fâcheux principe de la séparation des pouvoirs entre juges et jurés, nous ne songerions jamais à l'introduire dans une institution nouvelle ! Faire juger les faits de criminalité moyenne par un juge entouré d'un petit nombre d'assesseurs ou échevins, délibérant en commun, tel est le principe adopté en Suisse, en Allemagne, en Portugal, tel est le principe que nous souhaitons voir adopter en France.

Peut-être, quand il aura fonctionné pendant un certain temps à ce degré de juridiction, le système de l'échevinage gagnera-t-il du terrain chez nous comme il l'a fait en Allemagne, et peut-être songera-t-on alors à l'étendre aux faits de haute criminalité.

Pour le présent, nous admettons donc deux juridictions pénales composées de magistrats et de juges populaires : la Cour d'assises réformée, et le tribunal d'échevins remplaçant le tribunal de police correctionnelle.

Mais comment les infractions seront-elles distribuées à l'une ou l'autre de ces juridictions ?

III

On le sait, actuellement la qualification d'un fait délictueux est souvent déterminée par les pratiques de la correctionnalisation extra-légale. Les parquets étant de moins en moins disposés à reconnaître la compétence du jury criminel, celui-ci voit décroître d'année en année le nombre des affaires soumises à sa juridiction. Nous avons montré qu'en 1891 les Cours d'assises de France ont jugé 2 932 affaires, et les Tribunaux correctionnels 194 000 !

Il faut remédier à cet état de choses, il faut que notre Cour d'assises réformée ait un domaine nettement, légalement délimité.

Dans ce but, nous demandons que la correctionnalisation extra-légale disparaisse entièrement. Les magistrats qui la développent sans cesse obéissent, nous le savons, à de véritables nécessités et sont animés d'intentions excellentes; mais il est mauvais qu'ils se sentent contraints à éluder une loi mal faite : il faut leur donner une loi meilleure.

A cette intention, il faut avant tout remanier profondément les divisions vieillies du Code pénal de 1810. Nous ne pouvons plus nous contenter aujourd'hui d'une loi, qui, pour toute définition des infractions, se contente de nous dire : Qu'est-ce qu'un délit? C'est un fait puni de peines correctionnelles. Qu'est-ce qu'un crime? C'est un fait puni de peines criminelles.

Nous exigeons des divisions moins empiriques, des analyses plus pénétrantes, et nous sentons fort bien qu'il serait nécessaire, par exemple, de mettre au rang des délits tel vol domestique insignifiant, et au rang des crimes tel délit commis par un récidiviste. Il faudrait, en un mot, faire de la correctionnalisation et de la criminalisation légales et établir ainsi sur un plan plus moderne la compétence du jury.

Mais il ne suffira point pour cela de créer des classifications nouvelles.

Notre tendance moderne à *individualiser* la peine, à considérer *l'agent* plutôt que l'acte dans l'appréciation du fait criminel, rendra désormais étroites et insuffisantes les « étiquettes légales » destinées à ranger sous des dénominations uniformes l'infinie variété des fautes humaines. Il faut aujourd'hui que chaque délinquant soit l'objet d'un examen personnel, d'une mesure spéciale, nominative ; il faut que cet examen permette de distinguer, entre deux faits identiques en apparence, ou plutôt entre leurs deux auteurs, des différences profondes de criminalité, qui les désignent pour deux juridictions différentes.

Cette tâche délicate pourrait être confiée à la Chambre du conseil des tribunaux de première instance. Cette chambre, statuant en présence de l'accusation et de la défense, deviendrait ainsi une utile et pratique « juridiction de qualification » ; elle aurait un pouvoir, limité par la loi, de correctionnalisation. Elle se substituerait bientôt, et de la façon la plus avantageuse, aux chambres d'accusation qui existent dans chaque cour d'appel, et qui constituent à notre avis un rouage lent et inutile.

Grâce à cet ensemble de mesures, notre Cour d'assises réformée aurait un champ d'activité propre, rationnellement limité.

Ce champ deviendra-t-il très vaste ? Ces mesures feront-elles du jury, comme le voulait Bérenger, « la juridiction normale et générale de la France ? » Non : il ne faut pas se le dissimuler, les chambres

du conseil, comme aujourd'hui les parquets, céderont à la tendance qui pousse à diriger vers une
juridiction plus rapide et plus maniable que la Cour
d'assises le jugement des faits criminels *moyens*. Mais
un grand point sera gagné ! C'est que ce seront bien
les faits de grande criminalité, rationnellement triés,
qui seront déférés au jury et y seront jugés dans
des conditions meilleures ; puis les affaires correc-
tionnalisées bénéficieront, grâce à nos Tribunaux
d'échevins, d'une juridiction qui présentera toutes
les garanties d'une justice indépendante et libérale.

IV

Terminons maintenant en esquissant à grands
traits notre plan général d'organisation de la justice
criminelle.

Nous concevons d'abord trois ordres d'infractions,
classées d'après leur gravité et suivant des vues plus
modernes, par le Code pénal que nous appelons de
nos vœux.

A ces trois classes de délits correspondent trois
juridictions répressives :

En bas, un juge de police, dont l'Angleterre nous

offre un excellent modèle; juge inamovible, convenablement rétribué, choisi (quoique dans une sphère plus modeste) suivant les principes que nous avons indiqués au sujet du recrutement du président d'assises. Ce magistrat, qui résidera peut-être au chef-lieu d'arrondissement, ira dans les divers cantons tenir des audiences foraines; juge unique, il statuera sur les contraventions, et sur une foule de petits délits dépourvus d'élément intentionnel et de gravité sociale, qui encombrent à l'heure actuelle nos tribunaux de première instance, et qui seront par la loi nouvelle mis au rang des contraventions [1].

Au centre, des tribunaux régionaux d'échevins, moins nombreux et mieux répartis que les tribunaux actuels d'arrondissement, remplacent notre police correctionnelle.

Auprès de chacun d'eux, la Chambre du conseil, composée de magistrats permanents, fait l'office étendu de chambre des mises en accusation; il lui appartient, suivant des règles tracées par la loi, de renvoyer certains crimes devant les échevins et certains délits devant la Cour d'assises.

Chaque tribunal d'échevins est dirigé et présidé

1. Ne faut-il pas compter au nombre des délits qui pourraient être déférés au juge de police la plupart des infractions aux lois sur la pêche, sur la police des chemins de fer, les douanes, les octrois, le roulage, les délits forestiers, et, dans beaucoup de cas, les faits de violence, de vagabondage, de mendicité?

par un magistrat d'expérience, qui siège entouré de
quatre ou de six juges populaires désignés suivant
les règles que nous avons indiquées pour le recrutement des jurés. Cette charge de l'échevinage, nous
pouvons l'affirmer d'après l'exemple de l'Allemagne,
peut être répartie de telle sorte qu'elle ne constitue
nullement un fardeau gênant pour la population.

La juridiction des échevins est donc substituée,
dans notre système, aux tribunaux correctionnels ;
mais comme elle offre, avec toutes les garanties que
peut offrir la Cour d'assises, les avantages de la célérité, nous souhaitons lui voir attribuer le jugement
des procès de presse, que nos lenteurs actuelles privent
de toute efficacité.

Dira-t-on que dans les procès de cette sorte un
juge désigné par le gouvernement aura trop d'influence sur ses assesseurs ?

Nous répondrons qu'à nos yeux l'institution de
l'échevinage est inséparable de la constitution d'une
magistrature si évidemment indépendante que nul
soupçon ne puisse l'effleurer.

Veut-on cependant pour les affaires de presse une
garantie spéciale ? Nous admettrions volontiers
l'adjonction au juge et aux échevins de deux jurés
spéciaux, de deux hommes de lettres d'une compétence et d'une honorabilité indiscutée, qui joueraient
en quelque sorte le rôle d'*experts* dans le procès,

mais auraient de plus que les experts le droit de participer au jugement.

Enfin, au sommet de nos juridictions pénales, au siège de chacune des cours d'appel qu'on aura cru devoir conserver, la Cour d'assises réformée statuera sur les faits de grande criminalité.

Autour de ces juridictions s'établira l'outillage moderne, à peine encore entrevu, des recherches scientifiques, des expertises contradictoires, des institutions pénitentiaires, des œuvres tendant à la réadaptation du criminel au milieu social. Et à l'École, pour inspirer ces réformes et exposer leur maniement, se développera un enseignement actif et vivant du droit criminel et des sciences qui s'y rattachent : enseignement destiné à rendre plus aptes à leur grande tâche juges, avocats, membres du ministère public et experts.

Il serait bien aisé d'établir par le détail qu'un tel système assurerait une heureuse transformation de la magistrature par la diminution de son personnel, le relèvement devenu possible de ses traitements, et les soins attentifs qui entourent des choix peu multipliés... Mais on comprend qu'il nous soit impossible d'indiquer autrement que par ses lignes principales l'édifice que nous souhaitons voir sortir du sol et construire par les mains de cette génération.

V

Nous exprimons le vœu, en terminant cette étude, que quelques-unes des idées que nous avons émises paraissent dignes d'examen, et que, reprises et creusées plus profondément que nous n'avons pu le faire, elles aboutissent un jour à d'utiles réformes.

Nous exprimons ce vœu avec un véritable espoir. Il y a deux ans, nous demandions [1] que le secret de l'instruction, « cette pratique aussi dangereuse pour le juge que pour l'accusé », fût enfin aboli ; et, en prenant l'initiative d'une modification aussi heureuse de notre code d'instruction criminelle, le Sénat a montré récemment que l'énergie réformatrice n'est pas épuisée dans ce pays.

Ainsi parfois des retouches partielles peuvent avoir d'excellents résultats. Mais en général il est dangereux d'aborder de biais et par fragments l'œuvre des réformes ; il ne faut pas risquer, en remaniant nos lois par bribes et morceaux, de composer un monument auquel l'unité et l'harmonie feraient

---

1. *Revue des Deux Mondes* du 1er novembre 1895.

défaut. Ici nous aurions manqué notre but si nous n'avions donné l'impression que l'heure est venue d'une reconstruction générale de l'édifice de nos lois pénales, et que, pour une œuvre si grande et si belle, d'excellents matériaux gisent çà et là sur le sol. Nos archives parlementaires offrent l'aspect d'un amas de ruines étranges : ruines de villes qu'on avait entrepris de construire et qu'on a tout à coup abandonnées, où gisent de toutes parts des matériaux non employés, où de vastes échafaudages indiquent la place des édifices absents... Vienne l'architecte qui, pour un plan nouveau et harmonieux, utilisera ces richesses éparses !

Pour nous, qui avons tracé une des faibles esquisses que l'architecte de l'avenir consultera peut-être un instant, nous ne voulons nous défendre à l'avance que d'un seul reproche : celui d'avoir construit dans le rêve et dans la chimère.

Non, aucun des vœux que nous avons formés n'est irréalisable dans notre pays et dans notre temps.

Non, il n'est pas chimérique de vouloir pour la France une magistrature affranchie à jamais de la politique, véritable point fixe d'une démocratie qui sera bien longtemps encore agitée par les passions et les querelles des partis.

Il n'est pas chimérique de vouloir auprès de cette

magistrature, guidés et instruits par elle, des juges extraits de la nation pour la répression des délits et des crimes.

Il n'est pas chimérique de vouloir en finir dans les rapports de la magistrature populaire et de la magistrature permanente avec des formules peu rationnelles qui ne furent jamais obéies, et de vouloir établir entre ces deux magistratures les rapports d'une véritable et féconde confiance.

Non, tout cela n'est point du rêve! Les solutions sont prêtes. Le Parlement choisira parmi elles, et pour mener à bout une œuvre d'ensemble qui est réclamée depuis si longtemps, il saurait au besoin apporter des modifications heureuses à ses méthodes, à ses procédés de travail.

FIN

TABLE

INTRODUCTION

CHAPITRE PREMIER

CHAPITRE II

CHAPITRE III

CHAPITRE IV

CHAPITRE V

CHAPITRE VI

CHAPITRE VII

CHAPITRE VIII

CHAPITRE IX

CHAPITRE X

CHAPITRE XI

DERNIÈRES PUBLICATIONS

Format grand in-18 à 3 fr. 50 le volume.

G. D'ANNUNZIO vol

Les Vierges aux Rochers. 1

PHILIBERT AUDEBRAND

Napoléon a-t-il été un homme heureux ? 1

BRADA

Lettres d'une amoureuse. 1

DUC DE BROGLIE

L'Alliance autrichienne. 1

EUGÈNE DELARD

Ames simples. 1

ALEXANDRE DUMAS

Pages choisies. 1

ANATOLE FRANCE

Pages choisies 1

ANDRÉ GODARD

Brigandes. 1

GYP

La Fée surprise. 1

HENRI LAVEDAN

Sire. 1

H. L. N.

Amitié amoureuse. 1

A. LE BRAZ vol.

Pâques d'Islande. 1

HUGUES LE ROUX

Les Amants byzantins. 1

PIERRE LOTI

Figures et Choses qui passaient. 1

VICOMTE DE MEAUX

Montalembert. 1

LÉON MIRAL

L'Éternelle faiblesse. 1

RICHARD O'MONROY

Dix minutes d'arrêt. 1

PIERRE DE NOLHAC

Marie - Antoinette dauphine 1

JEAN PSICHARI

Le Rêve de Yanniri. 1

HENRY RABUSSON

Vaine rencontre. 1

RIQUET

L'Age du Muscle. 1

LÉON DE TINSEAU

Dans la brume. 1

Paris. — Imprimerie A. DELAFOY, 3, rue Auber.

www.ingramcontent.com/pod-product-compliance
Lightning Source LLC
LaVergne TN
LVHW020602060726
842526LV00003B/588